本书由湖南省教育厅科学研究项目"区域科技金融生态系统的

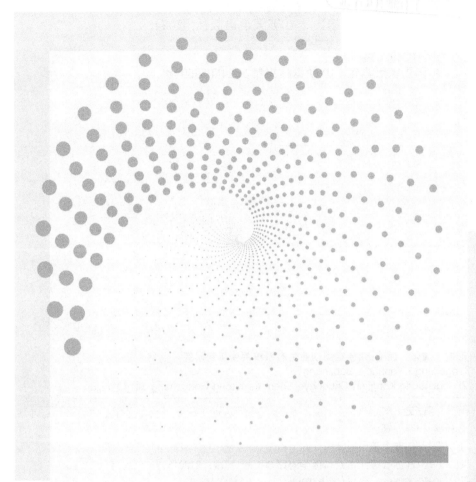

形成·演化·保障

众创空间创业生态系统共生机制研究

/////////////////////

史 欢 著

江苏大学出版社

JIANGSU UNIVERSITY PRESS

镇 江

图书在版编目(CIP)数据

形成·演化·保障：众创空间创业生态系统共生机制研究 / 史欢著. -- 镇江：江苏大学出版社，2024. 10. -- ISBN 978-7-5684-2269-7

Ⅰ. F249.214

中国国家版本馆 CIP 数据核字第 2024ND5950 号

形成·演化·保障:众创空间创业生态系统共生机制研究
Xingcheng · Yanhua · Baozhang:
Zhongchuang Kongjian Chuangye Shengtai Xitong Gongsheng Jizhi Yanjiu

著　　者/史　欢
责任编辑/李　娜
出版发行/江苏大学出版社
地　　址/江苏省镇江市京口区学府路 301 号(邮编：212013)
电　　话/0511-84446464(传真)
网　　址/http://press.ujs.edu.cn
排　　版/镇江市江东印刷有限责任公司
印　　刷/苏州市古得堡数码印刷有限公司
开　　本/710 mm×1 000 mm　1/16
印　　张/14.25
字　　数/238 千字
版　　次/2024 年 10 月第 1 版
印　　次/2024 年 10 月第 1 次印刷
书　　号/ISBN 978-7-5684-2269-7
定　　价/50.00 元

如有印装质量问题请与本社营销部联系（电话：0511-84440882）

前　言

　　众创空间作为支撑供给侧结构性改革和培育企业家精神的重要载体与关键抓手，其创业生态的营造已成为各地推进"双创"工作的目标。然而，随着众创空间的"井喷式"发展，营利模式乏善可陈、特色服务欠缺、入驻率参差不齐等问题成为各地众创空间创业生态良性发展的瓶颈。2018年10月以来，科技部已取消数家众创空间的国家备案资格，众创空间发展正处于从量变到质变的关键阶段。众创空间内资源要素和主体关系复杂，如何从生态系统的视角，以"双创"政策为支撑和引导，有效匹配众创空间创业主体间的创新创业资源，协调和凝聚系统内的共生关系，以形成更高效的共生模式，成为突破当前众创空间所处困境、促进众创空间创业生态系统良性共生的关键。然而，现有研究缺乏对众创空间创业生态系统从共生的形成、演化到保障的成体系的探索。鉴于此，本书借鉴众创空间和创业生态系统现有研究成果，在共生理论、生态系统理论、复杂适应系统理论和利益相关者理论的指导下，综合运用文献分析、数理模型与计算机仿真、实证分析等研究方法，系统开展众创空间创业生态系统共生机制研究。本书的主要研究内容如下：

　　第一，构建了众创空间创业生态系统共生机制的研究框架。本书利用数据包络分析方法评价了当前国内各地区众创空间的运行效率，总结了国内众创空间创业生态困境的成因，提出了众创空间创业生态系统共生研究的必要性；在现实问题的基础上，剖析了众创空间创业生态系统共生的概念、结构和特征等机理。以系统论研究范式为指引，基于现实问题与机理分析，构建了以"形成—演化—保障"为逻辑的众创空间创业生态系统共生机制研究框架。

　　第二，研究了众创空间创业生态系统共生关系形成机制。共生关系的形成涵盖共生伙伴选择阶段和共生关系平衡阶段。一方面基于复杂适应系统理论构建了众创空间创业生态系统共生伙伴选择模型;另一方面探讨了影响众创空间创业生态系统共生关系平衡的因素,并结合研究结果构建了从众创空间创业生态系统共生伙伴选择阶段到共生关系平衡阶段的共生关系形成机制。

第三,研究了众创空间创业生态系统共生种群演化机制。依据共生模式和共生系统的判定原理,本书构建了共生种群演化的 Lotka-Volterra 模型,对不同共生系数下系统的演化路径进行仿真,并讨论了影响共生种群演化状态的关键因素。在仿真结果的基础上,分析了中关村创业生态系统种群演化的 3 个阶段,提出了可用于促进当前国内众创空间创业生态系统发展的共生种群演化机制。

第四,探讨了众创空间创业生态系统共生政策保障机制。通过挖掘2015 年以来涉及众创空间的"双创"政策文本,本书构建了众创空间政策量化评价体系,利用可视化的 PMC 曲面分析了 8 项众创空间样本政策的优劣程度。在量化分析的基础上,归纳整理了 78 份政策文本内容,建立文本之间的联系,进而构建了促进众创空间创业生态系统良性共生的政策保障机制,并提出了可供众创空间政策制定和实施改进的方向。

第五,提出了众创空间创业生态系统共生机制实现的策略。结合本书各子机制的理论和研究成果,遵循我国众创空间创业生态发展的实际情况,分别从共生关系形成、共生种群演化和共生政策保障 3 个方面提出了促进国内众创空间创业生态系统良性共生发展的对策建议。

综上所述,本书遵循"形成—演化—保障"的逻辑体系,构建了众创空间创业生态系统共生机制的研究框架;明确了包括伙伴选择和关系平衡两个阶段的众创空间创业生态系统共生关系形成机制;揭示了基于创业企业和利益相关者两大共生种群的众创空间创业生态系统共生演化规律;探讨了众创空间创业生态系统鲜明的政策情境特征,分析了"双创"政策推动众创空间创业生态系统良性共生发展的路径;提出了众创空间创业生态系统共生机制实现的对策建议。本书旨在通过推动众创空间创业生态系统良性共生,为激发创新创业主体的潜力、活力和创造力贡献一份力量。

目 录
CONTENTS

第一章

导论

第一节　众创空间创业生态系统的发展背景

一、制度发力使"双创"蔚然成风

自 2015 年"大众创业、万众创新"上升为国家战略以来,全社会的创新活力和创业热情被激发,全国形成了一批创新创业高地,同时探索并形成了新的创新创业模式。在政府和市场的共同推动下,通过融合创客空间、创新工场,以及创业咖啡等创新型创业孵化模式,整合科技孵化平台、大学科技园、中小企业创业基地和科研院所等资源,我国出现了以市场化、网络化、全要素和开放式为特征的创新创业载体——众创空间。众创空间在"双创"政策推动下蓬勃发展,在一定时间和领域内激发了创新创业活力,有效集成了创新创业资源,推动了"双创"政策的落实,加快了全社会形成大众创业、万众创新良好氛围的进程。众创空间内的企业、机构和组织数量众多、类型多元,创新创业资源互动过程呈现出丰富的生态多样性,创业企业与各类利益相关者之间构建了复杂交错的创业生态网络,具备鲜明的生态系统特征。国务院发布的《关于大力推进大众创业万众创新若干政策措施的意见》中也明确提出,众创空间是在现有孵化器等创业服务资源基础上打造的开放式创业生态系统,形成各利益方共同参与创业孵化活动的众创空间创新创业生态是在中国推进"双创"、深入实施创新驱动发展战略的重要支撑,也是推进供给侧结构性改革的关键。

二、众创空间创业生态系统成"双创"战略重要支撑

近年来,国家高度重视众创空间建设,出台了一系列政策法规支持、引导和培育众创空间创新创业生态的构建。如表 1-1 所示,政策中强调要以营造良好的创业生态为目标,要对专业化、绩效突出和国家备案的众创空间予以税收优惠等扶持。此外,在国务院部署的"十四五"时期纵深推进大众创业万众创新的举措中,"坚持创业带动就业""营造更优双创发展生态"

"强化创业创新政策激励"成为焦点。国家和地方政府在推动众创空间创业
生态发展方面展现出了坚定的决心与迫切的意愿,相关政策的落实为大批
众创空间、初创企业及相关利益方提供了坚实的支撑和强大的信心,同时也
促进了众创空间创业生态系统构建等正向利好。据我国科学技术部火炬高
技术产业开发中心编纂的 2021 年《中国火炬统计年鉴》记载,2020 年国家
备案众创空间共 2202 家,服务的初创企业数量为 88408 家,较 2019 年上涨
11.48%;当年国家备案众创空间获财政补贴 11.06 亿元,初创企业当年获
得投资总额 190.10 亿元;在产生经济效益方面,常驻企业和团队拥有有效
知识产权数量为 57181 件,发明专利 9743 项,吸纳就业 424234 人,众创空
间发展如火如荼。2022 年 1 月,全国科技工作会议指出,众创空间等创业孵
化载体已超 1.4 万家,覆盖了 95% 的县级以上地区,通过创业带动就业近
500 万人,众创空间的蓬勃发展对拉动就业和深化创新驱动发展起到了一
定的促进作用。

表 1-1　与众创空间相关的代表性政策文本

年份	文件名称	相关内容
2015	《国务院办公厅关于发展众创空间推进大众创新创业的指导意见》	以营造良好创新创业生态环境为目标; 加快构建众创空间,形成"双创"生动局面
2018	《关于科技企业孵化器　大学科技园和众创空间税收政策的通知》	对国家备案众创空间提供给创业企业使用的房产,免征房产税和城镇土地使用税
2019	《国务院办公厅关于对 2018 年落实有关重大政策措施真抓实干成效明显地方予以监督激励的通报》	优先支持培育专业化众创空间,对绩效突出的省级"双创"平台予以倾斜支持
2020	《国务院办公厅关于提升大众创业万众创新示范基地带动作用进一步促改革稳就业强动能的实施意见》	不断优化众创空间及其在孵企业的认定或备案条件
2021	《国务院办公厅关于进一步支持大学生创新创业的指导意见》	对国家备案众创空间按规定免征增值税等

三、利用共生理论破众创空间创业生态系统发展困境

伴随着众创空间"井喷式"发展,一系列问题逐渐暴露出来,国务院在《关于推动创新创业高质量发展打造"双创"升级版的意见》中提到,"还存在创新创业生态不够完善、科技成果转化机制尚不健全……部分政策落实不到位等问题"。创业活动在技术、行业及模式上呈现多样化特征,所需的创新资源也有差异,一些众创空间运营方未经实地调研和可行性分析,在自身定位不清晰和盈利模式不明确的情况下,借政策之风,以"双创"的名义,仅通过场地租金、服务增值收入,以及政府补贴资金等模式运营众创空间。这种模式无法为系统内企业提供针对性、差异化和专业化的服务,导致创业企业和利益相关方创新创业资源无法匹配,进而使众创空间面临创业生态服务资源匮乏的困境。此外,更有将非"双创"项目引入众创空间,将濒临倒闭的孵化器重新贴牌以攫取政策资金的行为,这不仅浪费了国家和地方的政策资源,也未能实现政策引导的预期效果。例如,2016 年,深圳明星众创平台孔雀机构、地库、克拉咖啡因过度依赖租金收入且创业服务能力有限而相继倒闭;2019 年,上海聚梦空间因经营不善陷入破产清算危机,同年,瀚海 Plug and Play、网易(有道)国信众创空间及京东 JD+等知名众创空间因不符合备案要求被取消国家级众创空间资格;2020 年,新冠疫情的暴发也对众创空间创业生态的发展造成了严重冲击,中国社会科学院联合企查查调查显示,2020 年全国共注销、吊销企业 1004.28 万家,同比增长 18.6%。随着市场洗牌整合速度加快,以及初创企业和大批创业者在"后疫情时代"对于创新创业活动服务需求的增强,众创空间发展也将迎来新机遇。众创空间正经历由数量增长向质量提升的转型,其背后是创业生态环境的优胜劣汰,众创空间创业生态发展需要突破空间数量众多但优质企业稀缺的"庙多僧少"困境,打造能够高效应对动荡的创业环境和不可抗力因素的众创空间创业生态系统。

国务院政策中多次提到,要协调各方要素,打造众创空间"共生"的创新创业生态。然而,众创空间创业生态系统如何有效整合和配置各方"双创"资源,更好地协调系统内创业企业与各类扶持机构之间的供需关系?通过何种路径实现良性共生发展的创业生态环境?政府如何通过政策支持提升

"双创"政策驱动和激励效用? 这一系列问题引起了学术界和业界的关注,是目前众创空间创业生态系统发展中亟待解决的现实问题。

创业生态系统是一个在经济、政策、文化等环境影响下,由多样性的创业主体交互作用形成的复杂系统。复杂系统内各主体之间的互动模式类似于生物学上的"共生"关系。"共生"起源于群落生态学,是指不同物种之间出于对生存需求和自然资源获取,遵循某种模式相互联系、互利共进的关系。共生理论已逐步被应用于描述人类社会生态系统中组织、个体之间及其与环境之间的互动关系,可用于探讨系统如何配置共生要素、汇聚共生资源、协同主体共生关系,以及最终促进系统向互惠共生方向演化。利用共生理论研究众创空间创业生态系统,能够展现系统中创业主体之间的相处模式、系统发展阶段,以及主体与环境的动态联系。研究创业生态系统共生,有利于更好地整合众创空间要素、汇聚"双创"资源、凝聚主体之间的关系,从而更清晰地剖析众创空间所处阶段与未来的发展方向。前人关于创新创业生态系统共生的研究已取得了一些成果,这对本书的研究开展具有重要的借鉴意义。然而,尚未有对众创空间创业生态系统从共生关系形成、种群演化到政策保障的成体系的共生机制研究。

综上,本书认为众创空间的蓬勃发展为创业生态系统理论的研究提供了明确的现实问题切入点,同时拓展了研究对象的广泛性。而创业生态系统也为研究众创空间奠定了扎实的理论基础,并提供了明确的政策目标导向。因此,本书以众创空间创业生态系统为研究对象,期望运用一系列创业生态系统所蕴含的共生理论、生态系统理论和复杂适应系统理论等,来探讨众创空间创业生态系统共生机制,揭示系统中以创业企业为核心的共生主体间、共生主体与共生环境之间在系统进化过程中的相互作用、匹配协调及共进共演等共生问题,以期解决众创空间所面临的现实问题,促进众创空间创业生态向互惠共生方向发展。这既符合基于生态学隐喻所刻画的创新创业研究趋势,也契合国家众创空间政策的指向。

📖 第二节　众创空间创业生态系统共生研究的意义

本书以国内众创空间创业生态系统为研究对象,吸收并借鉴共生理论、生态系统理论、复杂适应系统理论及利益相关者理论等领域的优秀研究成果,构建众创空间创业生态系统共生机制的研究框架,针对系统创业主体共生关系的形成、共生种群的演化,以及良性共生发展的政策保障等展开研究。研究旨在从微观层面挖掘众创空间创业生态系统主体之间的共生互动关系及高效匹配创新创业资源的方式;从中观层面探索众创空间创业生态系统从无到有、从孤立趋向互惠共生的路径及其影响因素;从宏观层面分析"双创"背景下众创空间政策,明确政府在推动众创空间创业生态系统良性共生发展中的关键话语权和政策着力点。最终,研究期望通过众创空间激发"双创"主体潜力、活力和创造力,为营造良性共生的创业生态系统,提升地区经济水平,保障国内经济形势长期向好尽微薄之力。

本书立足国内众创空间蔚然成风之势,结合创业研究的热点领域——创业生态系统,展开了众创空间创业生态系统共生机制的研究,该研究同时具有理论和实践意义。

一、众创空间创业生态系统共生的理论意义

首先,本书将共生理论融入众创空间创业生态系统研究中,形成了以"关系形成—种群演化—政策保障"为脉络的共生机制研究,完善了利用共生理论探索创业生态系统等复杂系统的研究框架。

其次,创业生态系统为众创空间的研究提供了理论视角,众创空间亦为创业生态系统领域的研究提供了现实问题和研究对象,因此以众创空间创业生态系统为研究主题对于完善生态系统理论的应用具有一定意义。

再其次,本书进行了以创业企业、利益相关者和政府作为众创空间创业生态系统共生主体的关系研究。其理论意义在于将利益相关者理论融入创业生态系统研究,利用利益相关者理论对众创空间创业生态系统共生主体进行了界定和划分,能够进一步开拓创业生态系统构成要素划分视角,扩展利益相关者理论在创业领域的研究。

最后,本书基于复杂适应系统理论,剖析了众创空间创业生态系统中创业主体之间相互选择的适应性过程,丰富了复杂适应系统理论在社会生态系统中的应用研究。

二、众创空间创业生态系统共生的实践意义

从创业主体层面看,通过研究共生关系的形成机制,能够帮助众创空间创业生态系统内的企业识别选择伙伴关系的关键要素,降低创业活动中的不确定性,促进创业企业和利益相关者出于理性分析做出共生的选择,从根源上认识到共生对企业和系统整体发展的关键作用,厘清众创空间创业生态系统中各主体扮演的角色及共生关系形成的机理。共生的政策保障机制研究,有利于创业企业和利益相关者更好地借助政策资源开展创业活动和识别未来创业趋势。

从众创空间层面看,本书以共生理论为基础,从种群演化视角揭示了众创空间创业生态系统从独立向互惠共生方向演化的路径,明确了众创空间发展要从数量上的增长向创新上的集聚转变,这对于改善共生环境,促进众创空间从规模化增长向差异化、特色化和专业化转变有一定的现实意义。此外,本书挖掘了影响共生关系稳定的因素,能够使运营方认识到众创空间的定位、治理和良好创业环境的营造对于提升企业归属感、创业积极性和共生意愿的重要性。

从政府层面看,一方面,本书通过实证和计算机仿真研究得出了政府不同监管力度对众创空间创业生态系统主体共生关系形成的影响;另一方面,共生政策保障机制的构建为政策制定和实施提供了可供改进的方向。本书能够为政府提供关于制定符合当前国内众创空间现状、促进众创空间创业生态系统向着良性共生方向发展的政策建议。

第三节 众创空间创业生态系统共生研究的现有成果

一、 创业生态系统的内涵、构成要素及运行机制研究

为了解创业生态系统研究现状,笔者在中国知网(CNKI)上以"创业生态系统"为题名进行中文文献的检索(截至 2022 年),剔除明显无关的文献后共得 421 篇与本书有关的文献;在 Web of Science 核心合集中用题名或主题为 *entrepreneurial ecosystem(s)* 或 *startup ecosystem(s)* 进行检索,共得到相关

文献 955 篇。根据发布的时间,可以发现关于创业生态系统研究最早的外文文献是 Cohen 在 2006 年发表的 *Sustainable Valley Entrepreneurial Ecosystems*,他在研究中探讨了社区里正式和非正式网络中要素是如何对创业生态系统可持续发展做出贡献的,该论文的发表肯定了在实践中构建创业生态系统的价值,同时为后续学者研究的展开奠定了基础。2009 年国内学者在中文期刊上发表了第一篇该领域的研究论文,该文探析了麻省理工学院创业生态系统的构成要素和形成原因。这表明,国内关于创业生态系统的研究最初聚焦于对国外成熟系统的学习借鉴。此后经过一段时间的沉淀,该领域研究逐渐成为热点,文献数量呈上升趋势(见图 1-1)。

近几年,创业生态系统研究涉及商业经济、工程学、生态环境科学、地理学等多个研究方向。从主题分布上看,创业生态系统中创新创业教育的研究占较高比例,国内以众创空间创业生态系统为主题的研究最早出现于 2015 年,在 2016 年国务院政策例行吹风会上介绍大力发展众创空间之后,相关文献数量不断攀升。目前,关于创业生态系统研究的文献主要从两个角度展开:一是以生态学、复杂系统等理论为基础的质化研究,二是以社会网络和演化经济学为基础的技术模型分析。从研究内容来看,创业生态系统现有成果主要分为系统的内涵、构成要素及运行机制研究。

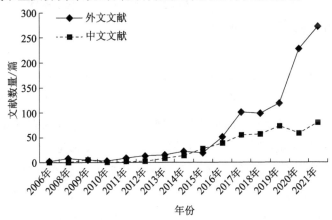

图 1-1　创业生态系统领域文献增长趋势

(一) 创业生态系统的内涵

1. 生态学视角

早期关于创业生态系统内涵的研究多从生态学视角出发,认为创业生态系统研究本质上属于组织生态学的一个分支。依据自然生态系统特性，林嵩认为创业生态系统是由在孵企业与企业所在创业生态环境组成，要素之间会通过互相影响、共存共进、协同发展实现创业生态系统的动态平衡；同样借鉴生态学的概念，张玲斌和董正英将创业生态系统关键要素分为4个生态群落（创业企业、政府、研究机构及风险投资机构），并探究了各个群落的种间协同效应；孙金云和李涛指出创业生态系统是一个松散耦合的组织网络体系；Li 等指出创业生态系统是包括创业企业和与之相关联的利益主体所形成的种群集合，各主体出于同一个目标进行交互合作并实现共同演化；李正卫等以杭州梦想小镇为案例，将其定义为一个包含 3 个层次生态圈的创业生态系统，其中核心层为创业者生态圈，中间层为政府及其代理机构等利益相关者生态圈，外围层为投资机构、孵化平台和中介服务商等生态圈；谢智敏等从创业生态系统的生态内涵出发，探讨了系统所蕴含的制度特征和组织特征，以及这些特征如何影响创业机会的识别和使之商业化的途径；张哲基于生态学隐喻提出创业生态系统与自然生态系统类似，是具备自我调节机制的复杂生态系统，创业企业可以类比为自然生态系统中的生产者，地理区域和数字网络集聚为群落单元，创业者为能量，资本和知识为物质资源；杜千卉等将创业生态系统定义为一个有机生态系统，其有机化体现在服务生态与产业生态融合交互。

2. 复杂性视角

学者们对创业生态系统的内涵界定不尽相同，但普遍认同其是一个多层次复杂系统。创业生态系统的基础是各类要素，要素的不断聚合重组、适应或改变原先的运作方式能形成更好地应对内外部环境动态变化的系统。创业生态系统与自然生态系统之间的共性在于二者都是复杂适应系统，具备类似的构造和作用，系统内各个"生物体"之间会通过交互作用产生共生现象，并且每个单元和要素都会受到其他单元与创业环境等的影响和约束。近年来，国内外学者开始关注创业生态系统中要素间的复杂关联。例如，Motoyama 和 Knowlton 探究了创业生态系统中主体间的关联，认为这种关联对于系统的发展有着至关重要的推动作用，并指出学术上对创业生态系统复杂性探究的匮乏。从复杂性视角进行研究的学者认为，创业生态系统在其要素的种类、系统层级与运行状态上均具有复杂性。在国内研究方面，刘霞和章仁俊首先提出将复杂适应系统理论引入区域创业系统研究中来,他们认为区域创业系统是指由区域内多个利益主体围绕创业活动而形成的相互联系和作用的组织网络;杨勇和王志杰依据复杂性系统理论和科技创业过程理论,建立了区域科技创业生态系统模型,模型包含六类要素,包括在孵企业、科研院所、政府、中介机构、金融机构和科技创业企业;甘静娴和芮正云以高校众创空间为研究对象,提出创新创业生态系统是在多主体动态交互作用下形成的非平衡复杂系统,具有开放性、非线性、涌现性等特征,系统运行过程呈现标识机制和积木机制;王转弟和马红玉在对创业环境、创业精神与农村女性创业绩效关系的研究中指出,人才生态系统是人才内生系统与创业环境交互形成的多层次复杂系统;李华晶和倪嘉成将绿色创业生态系统定义为一个特定于中国情境的复杂适应系统,并提炼了契合中国管理实践情境的绿色创业生态系统成长路径。

3. 网络视角

创业生态系统包含多层级的创业网络,网络由许多节点通过特定形态的社会关系连接形成,是创业主体之间、创业主体与利益相关者之间在创新创业资源交换和传递过程中建立的各种联系的集合。从网络视角对创业生态系统的内涵和要素进行研究是该领域的另一个重点。Isenberg 指出,创业生态系统是以创业企业家为主体,包含人才、资金、技术、基础设施和政策等资源和要素所组成的网络;Zahra 和 Nambisan 指出创业生态系统是通过各个主体之间合作和竞争形成的共生网络,生态系统中的战略思维和创业活动会在一个循环中相互影响,从而延续甚至激发创新;Pitelis 认为创业生态系统在促进创业企业成长和推动科技成果转化上具有独特的优势,是高级的网络组织形态,而现有研究低估了创业生态系统在创业领域的作用;Theodoraki 等研究发现,创业生态系统包括 3 个维度:应用社会资本的网络维度能够增强对资源的获取,认知维度能够加强生态系统成员之间的关系,对网络关系维度的投资可以增强互补性和信任程度;Srinivasan 和 Venkatraman 以数字平台的创业者为研究对象,从网络理论的角度揭示了商业生态系统中数字创业者平衡资源网络和模块网络的作用。

(二)创业生态系统的构成要素

目前,国内外学者对创业生态系统的构成要素研究主要分为 4 类。第一,以 Isenberg 为代表的观点认为创业生态系统由创业企业所处的外部环境构成;第二,一些学者认为创业生态系统以创业企业为核心并由其所处的环境组成,如林嵩、刘文光等;第三,创业生态系统由创业企业及相关主体组成,如周方涛,汪忠等,杨勇和王志杰,项国鹏等,李正卫等,张延平等;第四,创业生态系统由参与主体和环境共同组成,它们之间的相互作用决定了区域创业生态系统的绩效,如蔡莉等、邬爱其等、项国鹏和高挺等。通过对相关文献的梳理,笔者整理出具有代表性的创业生态系统构成要素界定的研究,如表 1-2 所示。

表 1-2　创业生态系统构成要素划分视角归纳

界定视角	代表文献	具体内容
创业企业所处的外部环境	Isenberg 程建青等	六要素:金融资本、政府政策、人力资本、市场环境、基础设施与社会规范
以创业企业为核心的生态群落及其所处环境构成	林嵩	新创企业及其所处的创业生态环境构成
	Fernández 等	包括创业企业与之赖以生存的创业生态环境
创业企业及相关主体	Cohen	系统内通过扶持创业企业相互关联的创业项目参与者
	项国鹏等	以创业者为中心,连接政府部门、中介机构、高校、科研平台、创业教育、基础设施等机构
	蔡莉等	包括在孵企业及其相关的组织、机构等形成的有机整体
参与主体和环境共同组成	沙德春和孙佳星	创业参与主体和创业外部环境(金融、文化、支撑系统、人力资本、市场)共同组成
	邬爱其等	多个创业主体与创业环境各要素交互作用

除以上 4 个主流划分角度以外,还有学者从其他角度对创业生态系统的构成要素进行了界定。Stam 认为创业生态系统包括两大要素:一是设备、场地、物质资源等框架要素,二是创业者、扶持机构、知识资源等系统要素;Audretsch 和 Belitski 认为创业生态系统包含各类扶持机构、政策制度等各种系统主体要素,它们会共同促进系统中创业机会的挖掘及创业项目的商业化进程;谢智敏等基于创业生态系统的生态性特点,将构成要素分为 4 个层面,包括本地需求市场层面、资本层面、设施层面(交通、区域设施、信息技术

等)和以政府政策为代表的制度层面;杜千卉等指出创业生态系统不仅包括设施和创业主体,还应包括运行机制要素;Zhao 和 Zou 以杭州梦想小镇众创空间为案例,指出系统要素包括内生因素(创新场所、制度政策、资金支持和创业服务)和区域因素(人力资源、学研机构、产业结构和创业文化)。

　　本书认为,众创空间创业生态系统的构成要素包括生物体和非生物环境,其中生物体指的是以创业企业为核心,以及以提供创业孵化服务为主要目标的利益相关者;非生物环境指系统所处的技术环境、市场环境、文化环境和政策环境,政策环境是众创空间创业生态系统较之其他类型创业生态系统所具备的更鲜明的环境特征。

　　(三) 创业生态系统运行机制研究

　　从创业生态系统的分类来看,关于系统运行机制的研究主要集中于数字创业生态系统、众创空间创业生态系统、区域创业生态系统、高校创业生态系统和知识型创业生态系统,近五年相关代表性研究见表1-3。还有学者对杭州云栖小镇的案例进行分析,探讨了核心企业主导型创业生态系统从平台搭建、组织运行到协同获取的机制。同样以核心企业主导型创业生态系统为研究对象,Cunningham 等通过委托代理理论分析了系统的治理机制,他们认为目前的研究忽视了创业生态系统内主体间的微观交互,提出了以项目负责人为中心的创业生态系统治理机制的研究框架。此外,Zhao 等、李华晶和倪嘉成分别对绿色创业生态系统的可持续发展机制和绿色技术创新作用机制进行了研究。王正沛和李国鑫以阿里巴巴为案例分析了互联网创业生态系统的演化动力机制。

表 1-3　创业生态系统运行机制代表性研究

创业生态系统类别	代表文献	研究方法	研究机制
数字创业生态系统	朱秀梅等	案例研究(杭州云栖小镇)	协同治理机制、资源共享机制
	Song 等	案例分析(重庆水果批发市场)	升级机制
	杨勇和仝甜甜	复杂系统建模	企业绩效提升的影响机制
	郝政等	模糊集定性比较分析	因果机制

创业生态系统类别	代表文献	研究方法	研究机制
区域创业生态系统	Cao 和 Zhang	内生增长模型	主体互动机制
	邬爱其等	实证分析	农民创业绩效提升的内在机制
	Bichler 等	模式匹配法	价值创造机制
众创空间创业生态系统	李正卫等	叙事分析法（治理理论）	政府治理机制
	王海花等	结构方程模型	创业绩效提升机制
高校（科研院所）创业生态系统	秦斐和温珂	案例研究（英国帝国理工学院）	动力机制
	Johnson 等	案例研究（英国爱丁堡大学等）	应激反应机制、学习和适应机制
	Fuster 等	案例分析（安达卢西亚）	知识转移机制
	原长弘和张树满	案例分析（西安光机所）	内部互动机制
知识型创业生态系统	Qian	理论分析（地理学与创业理论结合）	知识溢出的传导机制
	Yi	探索性案例分析（研发机构）	跨境协作机制
	Alves 等	模糊集定性比较分析	经济提升机制

另有一些学者聚焦于运行机制中的某一种机制展开研究，如 Yi 采用探索性案例分析的方法分析了学术创业生态系统的跨境协作机制；还有一部分学者关注了系统的治理机制，除上述 Cunningham 等以外，以治理机制为研究重心的还有 Colombelli 等，他们以都灵创业生态系统为案例，兼顾层级关系治理与创业生态系统生命周期的关系展开了治理机制的研究；Wurth 等也指出应更多地关注创业生态系统演化治理机制；Qian 探究了知识型创业生态系统中知识溢出的传导机制在创业生态系统中的有效性；Khatami 等通过实证检验了影响以国家为单位的创业生态系统创新绩效的因素，发现文化和人力资本是最容易产生负面影响的因素，并指出政府和政策制定者应该更加关注人力的智力资本创新；Rocha 等通过对创业者社交网络分析和定性访谈，探索了创业生态系统的关系连接机制；Lô 和 Theodoraki 对嵌套式创业生态系统的组织双元嵌入机制进行了研究，并指出创业生态系统平

衡管理需要民主治理与领导相结合。

二、创业生态系统共生关系和共生演化

（一）创业生态系统共生关系研究

共生关系指的是生态系统内主体间出于对共同利益追求和资源获取所形成的关系。从资源视角来看，Zahra 和 Nambisan 研究发现，通过创业生态系统内构建的共生关系，能够弥补创业者和相关企业在技术、资金及知识等方面的缺口，实现资源互补。Nikolaou 等通过案例分析指出，中小企业之间借助创业生态系统能够形成利益共生关系，进而应对风险，正是利益相关者间形成的共生关系促使系统要素间出现复杂互动关系。Scott 等认为，创业生态系统可概念化为由多个网络组成且具有多种共生关系的组织，然而现有研究忽略了对创业生态系统治理方面的关注。Ding 指出，创业生态系统中的智能企业需建立共生关系，才能有效实现资源共享。宋姗姗通过案例研究得出，影响共生关系形成的要素源自资源获取、经济与企业认知这 3 个方面。

从主体视角来看，在互利共生进程中，可能出现由于地位不均等、资源不均衡等原因，某一创业主体对其他主体施加强制性的行为，从而影响共生关系形成。还有学者研究了女性创业者对促进创业生态系统共生关系形成的作用，由于女性较之男性更具促进共享逻辑形成和协调生态系统网络结构的能力，所以其更能维系创业活动中的共生关系。Su 等通过构建演化博弈模型，探讨了创业生态系统主体不同选择对系统共生的影响，并指出要建立适度且灵活的奖惩机制，构建多方协同治理体系。

（二）创业生态系统共生演化研究

共生演化是指系统内共存的生物体通过互动行为建立协同关系共同成长，保持种群稳定增长，进而促进整个系统的进化。有学者运用 Logistic 生长模型构建创新生态系统的主体共生演化模型。如胡浩等通过 Logistic 方程建立了以多创新子系统共生为主题的区域创新系统共生演化动力模型，发现创新极的数量和共生关系的强弱致使系统间存在差异，并且创新系统的演化结果会受到共生关系的影响；叶斌和陈丽玉以区域创新网络的竞合关系为研究重点，构建了基于 Logistic 模型的共生演化模型，并指出共生是

创新网络发展的必然趋势;欧忠辉等通过案例研究和仿真分析相结合的方式,指出要通过共生激励促进系统互惠共生模式的演化;张影等借助 Logistic 种群增长模型探讨了跨界创新联盟生态系统共生演化规律。也有学者将 Logistic 模型运用于创业生态系统研究中,李洪波和史欢利用 Logistic 方法构建了创业生态系统共生的演化动力模型并进行了计算机仿真;张秀艳等通过构建科技园区创业生态系统共生演化模型,探索东北经济区创业生态系统中高新区企业与金融机构、科研机构和中介机构的共生演化路径;Zhou 等通过构建创业生态系统共生决策的主体进化博弈模型,描绘了决定生态系统动态演化的关键竞争因素。

三、 众创空间的相关研究回顾

由于国内外对"众创空间"定义和理解的差异,单纯以 makerspace 进行检索,会出现主题内涵与本书研究不符的情况。在咨询相关国内外专家之后,关于"众创空间"在 Web of Science 中的检索以 makerspace,hackerspace,co-working space,innovation space 和 crowd innovation space 为主题或标题展开,结合国内众创空间开放性、全要素和服务性特征,笔者对文献进行了筛选。通过对国内外文献进行搜集、阅读和整理,笔者发现,关于众创空间的研究主要聚焦于从平台视角、网络视角和系统视角对众创空间内涵的研究,对众创空间对创新创业绩效的影响的研究,以及对众创空间运行及评价的研究。

(一) 众创空间的内涵研究

自 20 世纪六七十年代麻省理工创业生态系统形成以来,世界各地开始重视众创空间的构建与发展。国外学者 Backs 在其研究中详细剖析了创客行为并预言创客活动将掀起新一轮的工业革命。自 2014 年我国首次提出"大众创业、万众创新"的"双创"战略后,众创空间的构建迅速在全国范围内掀起了新一轮的创业热潮,已然成为大众创业、万众创新的重要阵地和创新创业者的聚集地,涌现出一大批有潜力有特色的国家级众创空间。国内关于众创空间的研究也自 2015 年国家发文支持构建众创空间的政策出台起开始涌现。

Troxler 将创客运动定义为一种"全民生产"的创业形式,众创空间是社区运营的物理场所,供创客在空间内交流和开展项目。Hunsinger 认为,创客空间是人们为了追求自己在科技领域的兴趣,聚集在一起进行资源共享和发明创造的一个全球性的,具有社会运动性质的平台。创客文化是一种舶来的外国文化,"双创"政策促使创客的亚文化向主流的、大众的文化转变。众创空间具有鲜明的时代特征和政策导向,有学者指出,国内众创空间的发展离不开政策支持,众创空间是在国家创新驱动发展战略背景下,迎合互联网 2.0 与创新 2.0 的时代特点和现阶段发展趋势所形成的集创新创业服务和孵化于一体的"双创"载体,是一种理论和实践的结合。根据不同的研究视角,学者们展开了多样化的研究。

1. 平台视角

根据平台视角进行研究的学者认为,众创空间乃是创业企业与创业服务机构实现联系的基础模块,其具有平台性特征,本质上是一个线上线下融合的创新型平台。陈武和李燕萍从微观视角探讨了众创空间作为一个平台组织运用制度、结构和文化等环境嵌入实现自身组织身份构建和资源培育能力的机制,并在此基础上提出了众创空间平台组织的生成与进化模式。众创空间作为一个"双创"平台,其提升竞争力的关键在于通过精确的定位,综合性整合异质性资源,培育创业文化,并结合优质的服务,提升创业产品的附加值,最终提高众创空间平台的资源承诺能力。

2. 网络视角

创新创业网络能够有效整合与利用创新资源。众创空间的扶持仅是"双创"事业的起点。通过优质"双创"生态环境的培育,创新网络与创业资源、产业集群的交互机制能够提升区域经济的竞争力,并最终推动区域转型升级。社会网络对创业绩效产生的正向影响已得到证实,于是有学者针对社会网络与众创空间创新创业之间的关系展开了研究,发现在创业早期阶段,媒体网络会显著正向影响创业模式的形成,制度网络对众创空间发展具有明显的促进作用。众创空间内的用户群体通过资源上的互补与技术上的交流,能够形成同领域或者跨领域的创业网络,从而增强彼此在创业机会挖掘和价值创造方面的能力。众创空间中创业企业对创业政策的认知、领悟和追随能够降低创业活动中可能产生的机会成本和风险,这对众创空间的发展至关重要。王海花等通过分析政府部门网络中心性、结构洞和分层聚类,验证了政府部门活动规律及当前政策与众创空间实际发展的契合度。

　　社会网络最经典的划分源自哈佛大学著名社会学家 Granovetter 在其代表作 *The Strength of Weak Ties* 中的"强关系"和"弱关系"。学者依据这一经典理论对众创空间网络的强弱关系进行了研究,并发现众创空间与各主体之间的网络关系强度存在差异,主要体现为:众创空间与创新创业主体间有着显著且强烈的关系嵌入,与金融机构和学研机构的关系联结强度次之,与中介机构则无强关系联结。另外,还有学者基于双重网络视角研究了众创空间的演化机制,其中商业网络关系与支持性网络关系均对众创空间内新创企业成长具有正向影响,并且支持性网络关系的影响强度更大,知识网络与合作网络结构在众创空间的动态演化过程中存在交互作用。

　　3. 系统视角

　　基于系统视角的研究通常与创新创业生态系统密不可分。陈夙等在国内众创空间研究的早期阶段便以杭州梦想小镇众创空间为例,探索了具备嵌套特征的众创空间创业生态系统的内涵、结构和优势。与此同时,黄世芳认为众创空间是区域创新系统的一部分,并结合生态理论将众创空间界定为区域创新系统的"微生态"要素,以此论证了欠发达地区如何利用后发优势建立众创空间。不管是创业生态系统还是区域创新系统,其作为复杂系统都可以从复杂适应系统理论出发进行研究。侯晓等基于复杂适应系统理论分析了众创空间生态系统的内涵及其复杂性特征。耗散理论是研究复杂系统的主要理论之一,张玉利和白峰运用耗散理论构建了一个包含两阶段的众创空间创业生态系统演化机制模型,以此呈现了系统的形成和演进路径。在此之后,国内外更多的学者开始基于创业生态系统视角研究众创空间,众创空间通过聚集创业企业孵化过程中多样性的需求、创新资源和异质性服务,形成了生态要素众多、全链条孵化过程的创业生态系统。Tripathi 等通过创业生态系统六要素对最小化可行产品(Minimum Viable Product)发展的影响研究,指出众创空间的打造有利于通过提供创业技能和培训创造契合市场的产品。还有学者运用博弈论的方法对众创空间创业生态系统演化发展、激励契约和硬件协同过程进行了探讨。

　　众创空间不仅是创新创业的整合,还是一个关于知识资源的搜集、加工、交流和共享的组织架构。除创新创业系统外,还有学者从知识生态系统的视角进行研究,张肃和靖舒婷通过构建以中介服务为核心的众创空间知识生态系统模型,指出知识共享机制是推动众创空间发展的关键所在。

此外,有学者对众创空间的特征进行了研究。Browder 等指出众创空间自身具有"服务平台"的特征,体现了多主体之间的资源整合和价值共创,以及单个创业企业无法展现的整体协同特征。王丽平和刘小龙从价值共创的角度出发,探讨了众创空间中众创、众包、众筹和众扶相融合的系统特征和运行机制。同样,以价值共创为视角的学者戴亦舒等人也指出,众创空间创新生态系统具有开放式和提供互补性资产的特征。王海花等聚焦众创空间的地理邻近性特征,研究发现地理邻近性与众创空间绩效呈倒 U 型关系,地理邻近性能够促进众创空间孵化效率的提升。

（二）众创空间对创新创业绩效的影响研究

国外学者 Chesbrough 揭示了众创空间与初创企业创新行为之间存在相互促进的关系。Van 指出众创空间通过 4 种途径促进创新创业发展:创业文化变革、提供企业服务、员工培训和提升员工保留率。众创空间环境与创业者心理需求呈显著相关关系,在共享经济环境下,众创空间可以充当生产者,提供专业发展机会,提高创业率,促进先进产业并刺激经济增长。众创空间具有更具激励性的创业环境,Huang 等以优客工场为例,研究发现众创空间中的团队行为可以增强组织创新能力,从而对企业创造力和创新产生积极影响。除此以外,众创空间在塑造主体创业思维和提升创业能力上具有积极影响,众创空间能够通过营造知识丰富的研究环境增强个体创业能力,并创造具有高创新性和价值的企业,并且在培养创业者沟通、批判性思维,促进和建立创业者创新行为和信心方面具有一定的价值。

国内学者大多采用实证研究的方法开展关于众创空间促进创新创业影响的探讨,刘志迎等通过构建众创空间创客创新自我效能感对创新行为的影响模型,实证验证了"在创新活动领域,创新自我效能感越高,创客的知识共享水平也就越高"这一命题。黄钟仪等对有关众创空间创新影响因素展开了一系列研究,他们应用 fsQCA 方法(模糊集定性比较分析方法,Fuzzy-set Qualitative Comparative Analysis)研究发现平台促进型是目前国内推进众创空间高效创新产出的核心运行模式,接着他们又采用多元线性回归方法对众创空间创新氛围对创新行为的影响展开了研究。霍生平和赵葳通过实证得出,众创空间团队成员的交换不仅能够直接正向促进团队创新行为,还能通过知识共享的中介作用间接影响成员创新行为。还有学者证实了共生在众创空间网络嵌入和商业模式创新中的中介作用。王海花等通过 R 语言验证得出众创空间的文化氛围、创业活动开展环境和金融支持力度对在孵企业的财务绩效、人力绩效和创新绩效均有显著正向影响,地理邻近性对众创空间孵化效率起正向作用,区域创新能力在地理邻近性对孵化效率的正向调节作用上得到验证。此外,众创空间初创企业的创业拼凑行为可以促进企业创新绩效的提升,政治赞助对众创空间绩效的正向作用也得到了验证。

（三）众创空间运行研究

众创空间运行模式的研究主要是以特定众创空间为案例展开的。Kera 以印度尼西亚、日本和新加坡众创空间为研究对象,认为众创空间为面临新兴技术的社会提供了更具韧性的模式;Lindtner 以上海和深圳创客空间为对象,展示了中国创客是如何重塑共识的创新和创造力,并提出应将创客文化理解为社会嵌入式的文化而不是非主流文化;王节祥等以阿里百川为例,挖掘了众创空间在发展过程中从基础框架的构建,到产生网络效应,最后形成生态系统的演进逻辑及各阶段关键行动选择;卫武等通过对武汉生物技术研究院与车库咖啡（武汉）的案例比较分析发现,众创空间运行过程中需要承担为创业企业提供硬件支撑、技术支撑、网络支撑和商业支撑的服务;尹国俊和蒋璐闻采用 QCA（定性比较分析,Qualitative Comparative Analysis）的方法,通过总结众创空间资源汇聚模式的 6 条路径,形成了众创空间创新创业资源有效聚合的模式;Jin 等研究发现众创空间知识共享质量可以正向促进企业参与满意度,并可提升空间运行效率。此外,有学者指出联合办公众创空间（co-working space）得以稳定运行的关键在于便利的地理位置、开放的空间布局、创新氛围、共享设施等要素。但也有学者认为,联合办公众创空间在追求开放的过程中嵌入了排斥、封闭和剥削。

（四）众创空间评价研究

目前国内众创空间发展势头迅猛,但空间质量参差不齐,对空间运行现状的评价成为学术界的关注点之一。众创空间评价研究包括对运行效率的评价和对政策的评价。

在众创空间运行效率评价方面,张丹宁等通过构建运营效率指标对沈阳市众创空间产业集群进行了实证评价;李燕萍和陈武运用扎根理论形成了包括运营管理、创新能力和品牌构建 3 个方面的众创空间发展质量的评价指标体系;单鹏和裴佳音选用层析分析法构建众创空间绩效评价体系,发现北京 13 家众创空间的发展具有不均衡性;陈章旺等运用数据包络分析法(Data Envelopment Analysis,DEA)对福州市众创空间产业效率进行了评价,发现福州市众创空间存在投入不足等问题。

在众创空间政策评价方面,有学者从定性的角度对国内众创空间政策进行了评价。林妙昕等以广东省众创空间政策为研究对象,从企业、产业和制度 3 个角度分析了引导创新资源流动的方式。Fu 等利用语义网络分析方法,探讨了中国政府"双创"话语权和创新政策的异质性,指出政府是众创空间发展的推动者、支持者、合作伙伴和管理者。

还有学者采用定量的方法进行众创空间政策评价研究。雷良海和贾天明采用内容分析法对上海市众创空间政策的结构性、协调性和整体性进行了量化分析;陈章旺等基于数量统计方法对众创空间产业政策进行量化评价,认为当前产业政策在政策连续性、权威性、金融支持力度等方面存在问题;臧维等运用 PMC 指数(Policy Modeling Consistency Index)模型对北京市众创空间政策进行了评价;高涓和乔桂明采用改进的 EBM-DEA 三阶段模型对创新创业财政引导政策进行了评价,他们发现"双创"市场环境、政府之间的竞争关系与区域经济发展水平等因素会导致政策资源投入冗余,进而对政策绩效产生影响;王海花等运用 Louvain 算法,并通过将政策特征分为网络的中心性、分层聚类和结构洞特性,证实政府活动、政策制定与众创空间的现状适配度,并给出了包括主体、内容和目标在内的众创空间政策供给研究框架。

此外,有学者进行了基于创业者视角的众创空间满意度评价研究。赵逸靖和千庆兰采用熵值法与模糊综合评价法对众创空间满意度进行了评价,发现创客对广州众创空间内部创业环境满意度最高的分别是基础设施和整体环境条件。

四、 共生机制的相关研究回顾

目前学者对于共生机制的构成尚未达成定论,Li 和 Gao 认为共生机制即主体间的互动和协同机制；蒋慧杰设计的群落企业共生机制包括协调机制、伙伴选择机制、保障机制和资源共享机制；胡海和庄天慧以共生要素为依据，从共生界面协调机制、共生模式进化机制和共生环境的诱导机制展开探讨。

在生态系统领域，王卓以协同创新逻辑为原则，指出共生机制应包括创新项目共生机制、伙伴选择机制、协同共生机制和利益共生机制；张小燕则基于生态理论研究了在创新生态系统共生的生态决策机制、生态协调机制和适应性机制；杨剑钊设计构建了包括伙伴选择机制、利益分配机制和体系治理机制的创新生态系统共生机制。

虽然学者们在共生机制具体构成要素的观点上存在差异，但设计原则均以现实问题为依据。共生机制并非特指某一种机制，共生是一种现象，互惠共生是生态系统发展的最终目标，其涵盖了生物体在共生过程中的一系列互动机制。因此，共生机制的设计应依据特定科学问题，对各主体之间在共生过程中可能产生的问题进行分析，并通过一系列子机制的构建克服这些问题对系统共生发展可能产生的消极影响，最终达到优化系统共生状态的目的。

五、 现有研究述评

通过对创业生态系统内涵、构成要素、运行机制、共生研究和众创空间内涵、对创新创业绩效的影响、众创空间运行及评价研究、共生机制等方面进行文献梳理，笔者发现：① 关于创业生态系统的内涵、构成要素，以及众创空间的内涵和对创新创业的影响研究已取得较为丰硕的成果，为本书接下来界定和划分众创空间创业生态系统内涵和共生主体等奠定了基础。② 关于创业生态系统运行机制的研究虽多为理论探讨和案例分析等定性研究，但现有的大量现实案例和充足的逻辑演绎为本书后续建立众创空间创业生态系统共生机制研究框架提供了现实和理论支撑。③ 关于众创空间创业生态系统共生演化的动态视角研究虽尚不多见，但其他行业和领域尤其是创新生态系统共生演化研究的优秀成果丰富，该领域研究方法的使用为本书提供了有益的借鉴。④ 关于众创空间评价研究多样性的方法为本书后续选择合适的评价方法指明了方向。⑤ 关于共生机制的设计思路和所运用的生态学、系统论等理论为本书共生机制的构建提供了研究范式和理论指导。但现有的研究仍存在以下几点不足：

（1）关于众创空间创业生态系统共生的研究框架尚不完善。已有研究关注到了共生对众创空间创业生态发展的重要性，亦有学者探讨了众创空间创业生态系统的共生模式和共生行为，但均是对系统局部性的研究。系统共生包括微观个体互动行为、中观的种群演化与宏观上的治理等一系列机制。因此，有必要深入分析众创空间创业生态系统共生机理，建立起完善的、系统性的、有逻辑的、有脉络的众创空间创业生态系统共生机制研究框架，在可能的范围内为众创空间创业生态系统共生理论发展提供可供研究的视角和方向。

（2）复杂适应系统理论下众创空间创业生态系统共生主体互动关系研究有待开展。已有学者利用复杂适应系统理论分别探讨了创业生态系统的自适应演化路径和众创空间的系统运作机制，但缺乏对众创空间创业生态系统能否概念化为一种复杂适应系统特性的论述。尽管有学者利用复杂适应系统理论中的标识机制和积木机制对创客空间的发展进行了理论分析，但复杂适应系统所具备的用于分析微观主体互动机制的特性被忽视了，尚未有利用该机制进行微观主体共生伙伴选择模型构建的研究。国内众创空间面临着创新创业资源匹配不合理等资源塌陷困境，需要补充对微观角度创业企业与利益相关者如何通过伙伴选择更好地获取异质性资源的研究。

（3）共生理论下众创空间创业生态系统主体间关系平衡机制和种群演化路径研究仍需深入。已有研究肯定了共生关系的形成对于个体实现资源共享和破解创业困境的作用，但共生关系并不总是互惠共生的，由于信息不对称、创业主体的有限理性、创业环境的不确定性与复杂性，系统内主体行为无法被预见并且可能出现寄生行为，对于如何平衡主体间共生关系，需要进一步展开研究。此外，从研究方法上看，目前关于众创空间创业生态系统共生关系的形成和演化研究多采用理论分析和逻辑推理，无法刻画众创空间创业生态系统共生关系平衡中不同阶段主体间的决策差异，亦缺乏对众创空间创业生态系统共生演化路径的动态刻画，对于创业企业和利益相关者共生系数、种群规模、种群增长率等要素对系统的影响研究仍需深入。

（4）对众创空间创业生态系统共生的政策环境关注不够。众创空间是政策的产物，现有研究对众创空间技术供给环境、市场环境、文化环境等展开了探讨，忽视了对众创空间创业生态系统共生体所处政策环境的研究，缺乏如何更好地帮助众创空间主体认识、理解和实践政策内容的研究。此外，共生机制研究中很少涉及政策保障机制，但本书认为众创空间正是应"双创"政策而生，同时享受了大量的政策资源供给和扶持，其与其他类型创业生态系统相比，具有极强的政策情境特征，政策环境是众创空间创业生态系统共生过程中需格外关注的非生物环境，有必要将政策保障机制纳入众创空间创业生态系统共生机制的研究中，展开对现行政府治理策略优劣势的识别，以及对构建众创空间创业生态系统共生的政策保障机制的探讨。

第二章

理论基础

本章主要回顾了包括共生、生态系统、复杂适应系统和利益相关者在内的理论基础。其中，如何实现共生是本书的研究目标，关于共生理论在创新创业领域的研究主要包括共生关系、共生模式和共生网络研究；生态系统是本书的研究对象，自然生态系统和人类社会生态系统既存在共性又存在差异性，这也是本书将要探讨和区分的内容之一；复杂适应系统是本书研究众创空间创业生态系统共生的视角之一；利益相关者理论则是本书划分众创空间共生主体的理论依据。本章对理论基础的回顾，以及上一章对前人文献的梳理，为本书后续研究的开展提供了重要的知识储备。

第一节　共生理论

一、共生的起源

共生（Symbiosis）本是一个生物学概念，最早由德国生物学家德贝里（Antonde Bary）提出。在生物学范畴中，共生用于表示不同物种在漫长的进化过程中形成紧密相伴的联系，并从中获取利益的种间生态关系。在德贝里研究的基础上，法国生物学家 Caullery 对共生所引发的生物形态、生理机制上的进化起源，以及物种之间诸如共栖、寄生和互惠共生等关系进行了研究，指出共生关系是多种生物在生存过程中彼此依赖所形成的平衡状态，是生物体在其生命周期中的显著特征之一，不同物种之间的关系更多地呈现为一种共生演化，而非传统意义上的竞争共存。

20 世纪中期，随着共生理论在生态学中的逐渐发展和成熟，共生概念开始被应用于社会科学领域，其主要的研究方向有 3 个：一是经济发展与生态环境的可持续性，二是结合系统论和协同论等理论来阐释人类社会生态系统中不同要素之间的共生关系，三是探究多样性的利益相关者在生态系统中的进化历程。

　　在国内,学者袁纯清最先关注共生理论在人类经济社会领域的应用,他指出,共生是一种用于辨识社会现象的社会科学方法。此后,这一生物学概念被我国众多学者广泛应用于社会科学领域,如胡晓鹏指出,在经济环境愈发复杂的当代,经济体之间的关联日益紧密,呈现出“你中有我,我中有你”的共生形态,利用共生理论能够解决社会系统不稳定的问题;任迎伟和胡国平通过研究产业链间的共生关系,破解了产业链条系统不平衡和效率低下的困境。早期运用共生理论所进行的跨学科、综合性的交叉研究,既深化和拓展了现有理论,又为当下交叉学科和理论的发展贡献了新的研究视角。

二、 共生理论在社会科学领域的应用研究

(一) 共生关系

　　共生关系的形成乃是共生理论中的热点问题,亦是共生演化的前提和基础。共生关系有别于合作关系或联盟关系,它不局限于短期的利益获取或交易的完成,而是以共存为前提,以资源的共享为途径,以共生组织或共生系统长久稳定的共演共进为目标所构建的命运共同体。通过建立共生关系可以帮助组织和生态系统内的企业获取竞争优势、应对不确定的环境,以及进行价值共创。

　　社会科学领域有关共生关系的研究主要分为组织共生关系研究和社会生态系统共生关系研究。近年来,关于组织共生关系的研究,主要聚焦于微观角度共生主体间的信任问题、认知缺失等方面。而社会生态系统共生关系的研究,则更关注主体间多样化的复杂机制、基于资源依赖理论的关系协调,以及如何提升生态系统的整体价值等方面。与此同时,组织共生关系和生态系统共生关系的研究也呈现出共同的关注点,即两者均关注对影响共生关系的内外部因素的研究,包括制度因素、技术因素、社会文化因素等,如曾燕等研究了制度环境对万科和宝能系共生关系的影响;Pan 和 Lin 通过扎根理论探索了互联网技术嵌入对多平台共生关系的影响;尚智丛和田喜腾指出影响共生关系的宏观因素包括公民认识论、社会技术意象和法治主义。

(二) 共生模式

　　共生模式是共生理论研究的核心,其反映了种群之间动态变化的方式和演进路径。在社会科学领域,共生模式研究的主流划分方式主要有两种,

一种是基于组织模式或连接模式的划分,另一种是基于行为方式的划分。

依据组织模式划分,共生模式可分为点共生、间歇共生、连续共生和一体化共生4种模式。在创新创业领域,学者们主要对创新网络共生组织模式的演化进行了研究。Edward基于实践网络分析了技术演化过程中创新主体之间复杂的因果关系;张丹宁和唐晓华根据交易市场特征和合作活动特征指出产业集群内存在各种共生模式,使得产业集群内形成了错综复杂的共生网络。除创新网络外,Li等从组织共生的视角,探讨了国内创业行为的演变过程;通过对TD联盟的案例分析,付苗等指出TD联盟的共生模式主要分为互利共生和连续共生;叶斌和陈丽玉在对区域创新网络共生模式演化的研究中,指出区域创新网络的演化受环境制约,呈现出从点共生、间歇共生、连续共生到一体化共生的曲折变化;同样从网络视角出发,赵坤等利用实证仿真指出点共生模式和间歇性共生组织模式占据了众创式创新网络共生模式的主流;李晓娣和张小燕通过模型实证发现国内尚不存在一体化共生创新生态系统。

依据行为方式划分,共生模式有寄生、偏利共生、互惠共生等模式。其中,一些学者通过构建Logistic模型分别对创新生态系统、软件产品之间、员工与股东劳资关系、大数据联盟、数字创新生态系统等的共生演化模式进行了研究。武小龙以政治生态学为理论基础,指出中国的城乡关系必将从寄生关系、偏利关系、非对称互惠共生关系朝着新时代对称互惠共生关系演化。也有学者同时从两种划分形式开展了共生模式的研究,胡海和庄天慧研究发现农村产业融合发展水平层次较低,从共生组织角度看,多为点共生或间歇共生,从共生行为角度看,则主要是寄生或偏利共生。

除上述两种主流划分形式以外,丁玲和吴金希基于全球经济一体化的背景,通过案例分析探讨了核心企业和商业生态系统之间的捕食共生和互利共生两种共生模式;蒋开东和詹国彬根据共生单元演化过程,将高效协同创新共生模式分为单利共生、差异互利共生和均衡互利共生3种;梅亮等则采用案例分析的方式,提出了基于数字化情境的"连接式共生"模式。

（三）共生网络

还有一些学者探讨了生态系统中的共生网络。生态系统中的主体出于对价值共享、风险共担、利益分配和资源互补等需求,通过技术供给和知识交流合作形成了相互依赖、资源互补和共同发展的共生关系。也正是这类共生关系的整合推动了生态系统的良性循环发展,而共生网络正是共生关系组合的最佳体现。

目前,众多学者从不同的角度探讨了产业生态系统、创新生态系统、商业生态系统等嵌入的共生网络。共生网络是生态系统长远发展的助力因素。也有学者探索了创业生态系统共生网络的演化,从网络视角来看,创业生态系统是参与创业的主体之间关系的集合,其中创业主体即为网络中的节点,关系是连接各主体的线段,同一个主体会同时处于多个网络之中,即创业网络是会相互嵌套的,使得主体会在不同网络内扮演和选择不同角色。伴随着创业生态系统主体的演化和主体间共生关系的演化,创业生态系统的共生网络内部多种多样的资源会产生流动,从而使创业企业能够汲取知识、提升市场竞争力,获取各类丰富的稀缺性资源,与各类用户和服务方建立联系,进而实现价值创造和机会开发。Zhang 等以创业生态系统的共生网络为中介,探讨了创业价值观对新创企业的发展,同时发现共生网络的规模对新创企业的成长具有积极的影响。Scott 等指出创业生态系统中主体通过共生网络及关系治理的协调来获取及释放资源、知识、新关系、金融和机会。

第二节　生态系统理论

一、生态系统的起源

生态系统(Ecosystem)起源于生态学。"生态学"一词由德国生物学家Haeckel 于 1866 年在其所著的《生物体普通形态学》(*Generelle Morphologie Der Organismen*)一书中被首次提出并使用,且定义为用于研究生物有机体与其他动植物及环境之间寄生、竞争或互利互惠的科学。"生态学"这一概念自提出以来,不断被用于拓展其他学科的研究视野和应用领域。美国生态学家 Odum 以生态学研究为基础,在其著作《生态学基础》(*Fundamentals of Ecology*)中将生态学从生物领域延伸至人类社会,实现了生态学与经济学的交叉融合,人类生态学应运而生。

在生态系统被提出之前,以 Gleason 为代表的"个体论"学派(Individualistic

School)认为种群群落具有随机性和非线性,其演化过程并不遵循任何可预测的有序方式和途径,并非和"机体论"学派所认为的是一个"有机体"。1935 年,英国群落生态学研究"机体论"学派(Organismic School)的代表学者 Tansley 提出了生态系统的概念,这一概念的提出为"演替顶级"理论(Climax)奠定了基础。他指出,生态系统作为一个自组织系统,不仅包含各种复杂的有机生物体(organism-complex),还涵盖了生物体生存的基础环境。生态系统是生物体之间及生物体与基础环境之间相互作用、相互影响和相互约束所形成的一个整体,其演化过程类似于个体生命,会历经繁衍、生长、成熟、衰落、死亡的各个阶段。

二、 人类社会生态系统特征

人类社会生态系统与自然生态系统既有共性,又存在明显的差异,它们主要体现在行为主体、系统环境、系统特性与反馈机制等方面。具体而言,人类社会生态系统的行为主体是人类,人类具有主观能动性,能够主动适应并改造系统环境,而在自然生态系统的进化过程中,其行为主体往往是被动且无意识的;自然生态系统的环境相对稳定,在一定的时间和空间范围内不会发生巨大变化,而以人类为主体的生态系统则是动态变化的,其外部环境亦是瞬息万变的;在系统特性方面,自然生态系统是不可控制的,是物竞天择和自然选择的产物,而人工系统具有目的性和一定程度的可控性,通过主体协同作用可以实现系统进化;在反馈机制方面,人类生态系统和自然生态系统都存在正反馈机制,各个主体之间存在非线性关系并由此产生良性反馈循环,两类系统均通过优胜劣汰的反馈机制调节系统内各种群数量的增减,从而维持系统的动态平衡。此外,人类社会生态系统与自然生态系统均属于复杂适应系统,都具备复杂适应性特征,关于复杂适应系统的理论笔者将在后续小节进行阐述。

三、 生态系统理论在社会科学领域的应用研究

随着经济社会的持续发展,以及生态系统理论研究的不断深入,生态系统的概念被应用到经济学、社会学、信息科技等多个社会科学领域,根据研究对象的差异,生态系统被赋予了丰富多样的内涵。例如在信息科技领域,

丰佰恒等从生态系统的视角出发,认为科研大数据生态系统是以多种类型科研大数据共存为核心的,以赋予数据生态特征为形式的,非线性动态的、复杂的科研数据生态学化的系统,其不仅包括科研大数据,还包括系统整个演化过程中的相关环境与单位;在数字经济领域,张超等指出数字生态系统是由数字要素、数字要素的供给者与数字要素的应用者等多主体及其相互间的复杂联系所构成的复杂适应性系统。再如在社会学领域,龚艳青和谭荣在梳理原型分析在"社会—生态系统"治理领域的进展研究中,将"社会—生态系统"定义为由一个人与自然相互影响所构成的复杂系统,通过资源、资源单位、治理系统和用户4个子系统及其相互作用组成,其具有区别于社会系统或生态系统的结构和功能,社会生态系统属于典型的复杂适应性系统。Spilling率先将生态系统理论引入创业领域,他认为区域经济绩效会受到创业系统发展质量的影响,创业系统主要包括组织机构、创业孵化活动与创业项目开展3个部分,但并未对创业生态系统进行具体的界定。直至2006年,Cohen发表了第一篇以创业生态系统为主题的文章。Acs等指出创业研究在很大程度上忽视了系统在解释创业的普遍性和表现方面的作用,而创业生态系统理论有望解决这些问题。

第三节　复杂适应系统理论

一、复杂适应系统的起源

复杂适应系统(Complex Adaptive System)理论属于复杂性科学理论之一。复杂性科学最初应用于生命与物理科学领域的研究,由比利时诺贝尔奖获得者普里戈金(Prigogine)率先提出,并建立了耗散结构理论(Dissipative Structure Theory),用于探究开放系统如何从无序走向有序。当下,该理论不断完善和发展,已被广泛应用于生命科学、经济、管理等众多学科。复杂适应系统以复杂性科学为依据,最初由美国复杂理论和非线性科学的先驱霍兰(John Holland)在1995年出版的《隐秩序——适应性造就复杂性》(*Hidden Order: How Adaptation Builds Complexity*)一书中提出,用于研究出现新事物、看似无法预见的模式与行为的一类系统。复杂适应系统的主体之间及主体与环境间不断作用使得由个体要素所组成的系统不断演变或进化,其系统层级具有复杂性,有能力根据以往经验进行自我调节和自行演化。在复杂适应系统中,主体会不断变更自身的行为规则以适应环境变化并实现协调发展。复杂适应系统的宏观运行状态通常通过微观层面上系统各要素相互之间的作用形成。复杂适应系统的研究与复杂科学相关,并由此催生了跨学科的学术分支,主要用于为分析复杂系统的非线性、自组织、跨层次交互作用及涌现机理等系统特性提供研究框架。

二、 复杂适应系统理论在社会科学领域的应用研究

在社会科学领域,复杂适应系统理论被应用于包括供应链系统、领导理论、金融系统、商业系统、知识网络、创新生态系统等研究中。

此外,有学者探讨了创业生态系统作为一个复杂适应系统的演化机制,Cloutier 和 Messeghem 基于进化论和复杂适应系统理论,以蒙彼利埃为案例构建了创业生态系统路径依赖的旋风模型,并提出政策制定者在创业生态系统发展中要更具包容性,同时要加强鼓励不同子系统之间的互动。李华晶认为复杂适应系统范式在开展绿色创业生态系统研究中具有应用价值,并以此为理论指导展开了对中国不同地理区位中绿色创业生态系统的差异性研究。

复杂适应系统理论研究的另一个重点是利用回声模型(Echo Model)和刺激—反应模型(Stimulus-response Model)分析系统演化和主体关系,国内学者付韬和张永安基于回声模型对核型结构集群创新网络演化过程展开了研究,并找出了我国创新网络发展的制约因素;袭希和孙冰通过改进回声模型建立了产业技术演化的仿真模型,研究发现产业技术演化由互不干扰阶段、相互干扰阶段、共摊阶段和协同演化阶段组成;许学国等通过模拟生物回声模型,对跨国公司和代工企业之间的知识转移主体行为进行了分析;Chen 等通过刺激—反应模型研究了消费者使用移动支付的意愿;Jiang 等将技术标准联盟视作一个复杂适应系统,构建了回声模型描述系统的演化机制,并提出匹配能力越强、行为收益适中、成本越低,越有利于技术标准联盟的演进和发展。Chen 等指出养老服务企业的知识积累依赖于选择合适的组织学习策略,呈现出明显的刺激—反应模式螺旋过程;毛征兵等通过刺

激—反应模型和回声模型等建立了涵盖从微观至宏观完整经济联系的分析框架。

复杂适应系统理论在本书的应用主要体现在第四章内容中,即基于复杂适应系统所具备的特征分析了众创空间创业生态系统能否被概念化为一种复杂适应系统,并进而结合该理论中的刺激—反应模型和回声模型构建了众创空间创业生态系统伙伴选择模型。

第四节 利益相关者理论

一、利益相关者的起源

利益相关者理论起源于对企业社会责任的研究,Freeman 于 1984 年出版《战略管理——一种利益相关者方法》一书标志着利益相关者理论的正式提出。Freeman 将与企业相关的利益相关者定义为:"可以对企业运转过程产生作用,或者企业运行发展所影响到的那部分个人和组织。"而后,关于企业利益相关者的研究大量涌现,根据近五年来管理学领域高被引文献的统计情况,目前该领域的研究主要集中在利益相关者理论与企业社会责任、企业绩效及绿色创新等的结合研究,它们不同程度地推动了这些学科的发展。

二、利益相关者理论在创业领域的应用研究

(一)利益相关者的界定

在创业领域,学者们对利益相关者的界定根据研究对象的具体特性一般有两种角度:第一,以创业企业或创业者为核心,探讨与其进行交互活动、提供资源的利益相关者。如 Chiasson 和 Saunders 通过结构化理论(Structuration Theory)的视角分析了创业机会的形成,提出创业者、利益相关者和制度结构三者之间的互动关系会影响创业机会的形成。同样关注机会构建,Snihur 等指出在创业机会构建过程中外部利益相关者(包括客户、业务合作伙伴、投资者和监管机构)发挥着作用:一方面,利益相关者能够为创业企业提供持续性资源;另一方面,创业企业可以利用利益相关者的反馈提高创业机会

开发成功的概率。刘志阳等同样指出,创业机会的开发需要创业者和包括顾客、投资方、合作企业、企业员工等利益相关者的共同参与。

第二,有学者认为,在现有创业领域尤其是创业网络研究中,对利益相关者的界定受限于创业企业及与其关系良好的外部利益相关者,于是,这部分学者提出,利益相关者是以某类创业组织、网络或系统为边界,为组织提供资源、具有契约关系的主体。例如研究创业网络的学者认为,创业网络由多样化的利益相关者组合而成,不同类型的利益相关者可以为创业企业提供紧缺和差异化的资源(如资金、关键技术、创新人才等),从而实现创业项目的成功孵化。王世权和王丹认为,所有为企业创造价值做出贡献的员工、股东和债权人等都属于利益相关者,都存在于公司创业网络之中。以具体的创业系统为研究对象,Dogan 等指出,通过众创空间所具备的平台性特征,政府部门、创业企业、创客团队等利益相关者可以通过契约、合同、资源交换与合作关系在众创空间内相互联系,并形成社会关系网络。陈火全和胡日东以国家级电商示范区为例,发现电子商务集合了园区运营方、入驻企业、地方政府、第三方公司(如培训、营销、物流、技术等服务机构)、中介机构、金融机构等众多利益相关者。本书主张,国内众创空间创业生态系统作为一个创新创业资源交互的平台,应更加关注以创业企业为核心,以及与为创业企业提供各项资源的利益相关者之间的共生关系。

(二)利益相关者在创业生态系统中的研究

国外已有学者将利益相关者理论应用于创业生态系统的研究,主要关注点是利益相关者与创业环境、创业企业和系统的互动关系。Erina 等探究了创业生态系统与参与可持续发展的利益相关者群体之间的关系;Goswami 等研究发现,利益相关者通过建立联系、协调不同参与者之间的匹配程度及协助创业企业选择导师等中介行为,在初创企业和创业环境资源之间搭建起桥梁;Knox 和 Arshed 同样关注利益相关者促进创业的机制,指出利益相关者通过不同治理水平上的复杂互动关系来协调创业生态系统,主要通过形成创业网络关系、构建创业生态系统网络及中断网络组织 3 种手段为企业提供帮助;Duan 等通过创业企业与外部利益相关者关系的互动过程,将关系资本分为信任度、互惠度和透明度。此外,还有学者以 COVID-19 为特殊情境,指出面对此类危机,创业生态系统中的初创企业不仅要与员工建立关系,更应与同行业的企业、公共部门、学术界和公民等利益相关者建立牢固的关系。

利益相关者理论在本书的应用体现在:以是否具有交易性的契约关联为依据,本书在研究众创空间创业生态系统共生机制时,将共生主体划分为创业企业、利益相关者和政府,其中利益相关者包括中介机构、学研机构、金融机构和空间运营方等与创业企业具备契约关联的企业和组织。同时,本书探讨了创业企业和利益相关者之间的共生关系形成机制和共生种群演化机制。

第三章

众创空间创业生态系统
共生机制研究框架

本章按照"现实考察→机理分析→框架构建"的逻辑(见图 3-1),首先对国内众创空间发展现状及运行效率进行分析和评价,挖掘众创空间创业生态困境的成因,提出众创空间创业生态系统共生研究展开的必要性。其次,根据所需解决的现实问题,进行众创空间创业生态系统共生的机理分析。最后,以系统论研究范式为指导,结合众创空间创业生态系统共生的结构,构建众创空间创业生态系统共生机制的研究框架。

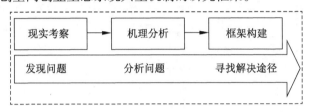

图 3-1 第三章内容逻辑

第一节 众创空间创业生态系统共生的现实考察

一、国内众创空间发展现状

国内关于创客类型活动的探索始于 1987 年 6 月首家高新技术创业服务中心的成立——武汉东湖创业服务中心,其被视为国内创业孵化事业的发祥地。随着共享经济时代的发展,众创空间愈发受到众多创客、初创型企业和服务机构的青睐。众创空间不仅能为入驻企业提供场地、设备等物理办公资源,优质的众创空间还能够助力企业构建对外合作关系并进行产业链对接。在"双创"背景下,国内创新氛围浓郁,众创空间蓬勃发展,空间数量持续增长,2016 年至 2020 年国内各地区众创空间增长趋势如图 3-2 所示。其中,东部地区众创空间数量增长速度最快、增长幅度最大,主要是因为东部地区创新创业资源较为丰富,汇聚的龙头企业较多,带动效应显著,创新人才活跃度高且资源持有者投入意愿强。2020 年,国家提出要通过推广跨区域孵化"飞地模式"建立中部地区示范基地联盟,极大地促进了中部地区众创空间数量上的增加。在 2020 年新冠疫情的背景下,众创空间为应届毕业大学生创造了近 16 万个就业岗位,催生有效知识产权 13 万余件。众创空间的发展对拉动就业和推动创新均起到了一定的成效。

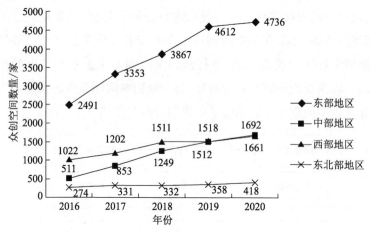

图 3-2 2016—2020 年国内众创空间增长趋势

数据来源:2017—2021 年《中国火炬统计年鉴》

学者们根据不同的属性,将国内众创空间划分成了 6 种类型,包括创业活动型、实践平台型、联合办公型、融资服务型、媒体宣传型和综合生态型,不同类型众创空间的具体特征及典型案例见表 3-1。

表 3-1 众创空间类型、属性及典型案例

众创空间类型	属性	典型案例
创业活动型	通过提供创业活动为在孵企业推广创业项目提供场所和硬件设备	深圳柴火创客空间、北京创客空间、武汉创客空间、上海新车间等
实践平台型	一般以高校为依托,以创业培训为主要方式,作为高校创新创业的实践平台	清华 x-lab、北大创业等
联合办公型	较普遍的众创空间类型,由房产开发商打造的联合办公空间	WeWork、维也纳咖啡馆、优客工场等
融资服务型	以资本为纽带,主要为创业企业提供融资服务	创客邦、Mfund、UCCVR 等

众创空间类型	属性	典型案例
媒体宣传型	重点在于通过新媒体平台提升创业企业知名度	黑马会、草莓 V 视、36 氪等
综合生态型	致力于打造各类孵化器相互嵌套的综合性网络,为创业企业提供全方位和多样性的专业服务	Rocketspace、Skydeck、梦想小镇等

国内众创空间普遍具有如下特征:

(1)政策导向性。众创空间具有强烈的"双创"情境特征和显著的政策导向性,在运行发展中普遍受到国家和地方政策影响。国家和地方政府、众创空间创业生态系统相关的管委会等管理机构为主导的,以推动众创空间发展为目的的"双创"引导政策和相关管理制度,是众创空间得以有效运营和充分释放创业活力的有力保障。

(2)准入门槛低。众创空间的边界相对开放,在有形的边界方面,其评选标准和入驻流程都相对简单。互联网的普及也使得创业企业入驻的无形门槛被进一步降低,企业可以通过互联网快速享受到众创空间带来的福利。有别于传统创业孵化和扶持机构,众创空间更聚焦于向初创企业提供协助和促进创新成果产出,并且具有准入门槛更加便捷化的特征,创业项目起点较低、投入较少。

(3)资源聚集性。众创空间的资源聚集性主要表现在 3 个方面:其一,创业企业密度较高,数量众多;其二,众创空间在孵化培育初创企业的过程中,通过开展创业辅导、举办交流培训、提供产业链对接等方式,能够集聚多样性的创新创业资源;其三,我国众创空间在发展过程中会广泛与科研机构、学研组织和高校合作,搭建起高校、研究院和企业之间的创新创业桥梁,在此过程中也会聚集众多人才资源。

(4)服务综合性。创业生态良好的众创空间不仅为初创企业提供办公场地,还会提供诸如法务服务、财税服务、投融资服务、知识产权服务等一系列"一站式"服务,囊括了创意诞生、创新孵化与创业支撑的全过程。

二、国内众创空间运行效率评价

众创空间作为"双创"事业的重要载体,在其快速增长的繁荣景象背后,

"过剩"问题正逐步凸显。众创空间的发展汇聚了大量创新创业资源的投入,但是现实中往往出现投入和产出不成正比的现象。由于国内众创空间发展时间短,数据披露有限,有关众创空间运行效率的实证评价研究相对较少。尽管存在大量关于孵化器运行效率的研究成果,但由于众创空间较之传统孵化器形成机理和运行模式均存在较大差异,因而无法直接沿用传统孵化器的评价体系。在本节中,笔者将通过对国内众创空间投入和产出的评价,聚焦目前国内众创空间发展所面临的问题,从而为下文相关机制的构建提供现实依据。

（一）研究方法

近年来,数据包络分析法(Date Envelopment Analysis, DEA)在分析孵化器运行效率方面的应用日益广泛。与传统方法相比,DEA 方法的优势在于能适应创新创业过程中的多投入和多产出情况,与众创空间的运行发展特征相契合。传统 C^2R 模型可以准确地区分出有效孵化器和无效孵化器,并找到致使孵化器无效的原因,但其弊端在于无法对 DEA 有效孵化器进行排序。而 DEA 超效率模型(DEA Super Efficiency Model)能够区别出有效孵化器之间的效率差异,并对其排序。因此,本节采用 DEA 模型中的 C^2R 和 DEA 超效率模型,以评估国内 30 个省(自治区、直辖市)众创空间的运行效率,以此找出国内众创空间创业生态困境所在,为下文对困境成因的分析,以及众创空间创业生态系统共生研究必要性的提出提供参考。

1. 传统 C^2R 模型

假设有 n 个具有可比性的区域(每个区域包含若干不同层次的众创空间),称为决策单元(Decision Making Unit, DMU),每个 DMU 都有 m 种类型的"投入",用于表示 DMU 对创新创业资源的耗费量,以及 s 种类型的"产出",这些"产出"表示当消耗了资源之后,创新创业所取得成效的量,在众创空间中表现为政府、中介机构、投资企业等投入资金、设备、培训等要素,通过创新创业活动产出利润、人才、工位等。第 j 个区域众创空间的投入为 $(x_{1j}, x_{2j}, x_{3j}, \cdots, x_{mj})$,产出指标为 $(y_{1j}, y_{2j}, y_{3j}, \cdots, y_{sj})$。用 v_i 表示第 i 种投入的权重,u_r 表示第 r 种产出的权重,权重体现了每种投入及产出对于众创空间运行的相对重要性。对第 j_0 个区域众创空间进行运行效率评价($1 \leqslant j_0 \leqslant n$),其最优化模型如下:

$$x_0 = x_{j_0}, \quad y_0 = y_{j_0}$$

$$\max h_{j_0} = \frac{\sum\limits_{r=1}^{s} u_r y_{rj_0}}{\sum\limits_{i=1}^{m} v_i x_{ij_0}} \tag{3-1}$$

$$\text{s. t.} \begin{cases} \sum\limits_{r=1}^{s} u_r y_{rj} - \sum\limits_{i=1}^{m} v_i x_{ij}, \quad j=1,2,\cdots,n \\ \boldsymbol{v} = (v_1, v_2, \cdots, v_m)^{\mathrm{T}} \geqslant 0 \\ \boldsymbol{u} = (u_1, u_2, \cdots, u_s)^{\mathrm{T}} \geqslant 0 \end{cases}$$

由于目标函数为产出与投入的比,该模型亦可称为基于投入的 C^2R-DEA 模型,i 和 r 分别为投入和产出指标的编号,$\boldsymbol{v}$ 和 $\boldsymbol{u}$ 为一组权系数,对应于一组权系数每个区域都有相应的众创空间发展现状评价指数 $h_j = \dfrac{\boldsymbol{u}^{\mathrm{T}} \boldsymbol{y}_j}{\boldsymbol{v}^{\mathrm{T}} \boldsymbol{x}_j}$,$h_{j_0}$ 为式(3-1)的最优值,即第 j 个区域众创空间的 C^2R 效率值。对式(3-1)进行 Charnes-Cooper 变换,并引入非阿基米德无穷小量 ε,可以写成如下对偶规划模型:

$$\min \left[\theta_0 - \varepsilon (\boldsymbol{e}_m^{\mathrm{T}} s_i^- + \boldsymbol{e}_s^{\mathrm{T}} s_r^+) \right] = V_D(\varepsilon)$$

$$\text{s. t.} \begin{cases} \sum\limits_{j=1}^{n} \lambda_j x_{ij} + s_i^- = \theta_0 x_{i_0} \\ \sum\limits_{j=1}^{n} \lambda_j y_{rj} - s_r^+ = y_{r_0} \\ \lambda_j, s_i^-, s_r^+ \geqslant 0, \quad j=1,2,3,\cdots,n \end{cases} \tag{3-2}$$

其中 $\boldsymbol{e}_m^{\mathrm{T}} = (1,1,1,\cdots,1)^{\mathrm{T}} \in \mathbf{R}^m$,$\boldsymbol{e}_s^{\mathrm{T}} = (1,1,1,\cdots,1)^{\mathrm{T}} \in \mathbf{R}^s$,非阿基米德无穷小量 ε 可以认为是一个比任何正数都小的正数,s_i^- 和 s_r^+ 为剩余变量和松弛变量,表示大于等于约束条件中超过资源或能力最低限度的部分,以及小于等于约束条件中未被使用的资源或能力的值,λ_j 为第 j 个区域的指标组合系数。通过具有非阿基米德无穷小量的 C^2R 模型,可以判断 DMU 是否为具有 DEA 有效性的单元,设式(3-2)的最优解为 $\lambda_0, s^{-0}, s^{+0}, \theta^0$,具体判别方法如下:当 $\theta^0 = 1, s^{+0} = 0$ 且 $s^{-0} = 0$,DMU_{j_0} 为 DEA 有效,即在当前投入情况下,该区域众创空间产出达到相对最优;当 $\theta^0 = 1, s^{+0}$ 和 s^{-0} 不全为 0,DMU_{j_0}

为 DEA 弱有效，即在该区域众创空间的投入指标减少 s_i^- 或产出指标增加 s_r^+ 的情况下，其结果仍能保持相对最优；当 $\theta^0 < 1$，DMU_{j_0} 为 DEA 无效，对于 DEA 无效的地区，可以通过相应的减少或增加创新创业投入以达到 DEA 有效。

2. 超效率 DEA 模型

根据上述分析，传统 C^2R 模型将决策单元区分为效率评价指数等于 1 和效率评价指数小于 1 两类，无法对 DEA 有效的决策单元进行再分类，不具有排序功能。此外，尽管传统 C^2R 模型通过求解对偶规划模型能够得出决策单元的最优效率评价值，但有些最优解无法有效地用来测度被评价单元。为了弥补这一缺陷，Anderson 等提出了 DEA 超效率模型，DEA 超效率模型将有效决策单元构成有效前沿面（efficient frontier），并认定有效决策单元效率总高于无效决策单元。由于 DEA 超效率模型得出的有效决策单元效率值大于或等于 1 且不完全相同，可以在传统 C^2R 模型的基础上对有效决策单元做出进一步排序。基于投入的带非阿基米德无穷小量的 DEA 超效率模型如下：

$$\min \theta^{super} = \theta_{j_0} - \varepsilon \Big(\sum_{r=1}^{s} s_r^+ + s_i^- \Big)$$

$$s.t. \begin{cases} \sum_{j,j \neq j_0} \lambda_j x_{ij} + s_i^- = \theta_{j_0} x_{ij_0} \\ \sum_{j,j \neq j_0} \lambda_j y_{rj} - s_r^+ = y_{rj_0} \\ \lambda_j, s_r^+, s_i^- \geq 0, \quad j = 1, 2, 3, \cdots, n \end{cases} \tag{3-3}$$

该模型通过将前沿面上的有效决策单元 DMU_{j_0} 排除在外，使得剩下的有效决策单元构成新的生产前沿面。设投入产出集为 (X_0, Y_0)，令 $\hat{X}_0 = \theta_0 X_0 - s^{-0}$，$\hat{Y}_0 = Y_0 + s^{+0}$ 称 $(\hat{X}_0, \hat{Y}_0)$ 为该区域在生产前沿面上的"投影"，从而计算 DMU_{j_0} 的超效率得分，即 θ^{super}。值得注意的是，DEA 超效率模型与传统 C^2R 模型在对无效 DMU 的评价上是一致的，其主要贡献在于给出了前沿面上有效 DMU 的再排序。

本节研究的主要目标是评价国内 30 个省（自治区、直辖市）众创空间的运行效率，对 DEA 有效众创空间进行排序，对无效众创空间找出其问题所在。根据这一目标笔者选择了 DEA 模型中的 C^2R 模型和 DEA 超效率模型，具体原因如下：传统 C^2R 模型的优点是可以准确区分出有效众创空间和无效众创空间，并找到致使众创空间无效的原因，弊端是无法对 DEA 有效众创空间进行排序。因此需要辅以超效率模型，DEA 超效率模型能够区别出有效众创空间之间的效率差异，并对其进行排序，进而通过松弛变量分析，计算投入指标的冗余，或是产出指标的不足，找出致使众创空间无效的问题所在。因此，本书采用 DEA 模型中的 C^2R 和 DEA 超效率模型来获得国内 30 个省（自治区、直辖市）众创空间运行效率的分析结果（具体分析流程如图 3-3），以期为我国众创空间未来的发展方向提供参考，进而为政府部门制定合理的众创空间扶持政策提供理论依据。

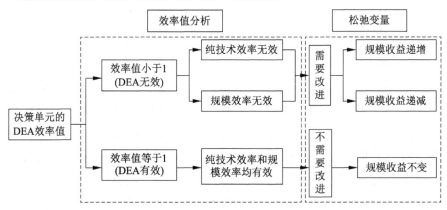

图 3-3　DEA 模型分析流程

（二）指标体系构建与数据来源

1. 指标体系构建

众创空间是在互联网资源共享的大背景下，为创新创业人员提供良好创业环境和丰富创业资源，并充分对接各类创业孵化机构的专业化创业服务平台。在已有的关于创业服务平台的评价研究中，投入指标通常由创业文化、基础设施等构成，产出指标以创业活动所带来的社会贡献为主。在众创空间评价指标的选取上，李燕萍和陈武将众创空间质量评价指标分为 6 个方面，包括社会影响力、创新创业服务内容、创新创业服务成效、创新创业服务能力、创新创业服务环境，以及特色服务与品牌建设；陈章旺等在众创空间产业效率评价中选取了众创空间总面积、管理运营人数、创新创业活动及创业教育培训 4 个指标作为投入指标,入驻团队、获得投资额、吸纳就业数及创业人数为产出指标。

本节以科技部评价众创空间发展情况的指标为基础,融合其他学者的研究成果,构建评价指标体系。在投入方面,选取创新创业培训和资金技术服务作为投入的一级指标。创新创业培训是创业者获取知识和经验的有效途径,也是衡量众创空间服务水平的有效指标。同时,资金技术作为扶持创新创业活动的核心资源,其投入的力度对众创空间的运行和发展具有重要影响。产出方面,包含创业集聚能力和创新创业成效两个一级指标。创业集聚是创业者或创业企业在某一区域内的不断汇聚,是众创空间社会影响力和总体实力的体现,通过创业集聚能力指标能够衡量众创空间在特定区域及行业的竞争力。借鉴前人研究,本书以创业团队数量和初创企业数量具体体现创业集聚能力。创新创业成效这一指标则反映了众创空间通过创新创业活动带来的社会效益和技术创新,是众创空间运行成果的直观呈现。该指标中包含了吸纳就业情况,以及其他研究中所忽视的知识产权数量这一指标。最终根据评价指标设计的层次性、客观性,以及数据的可得性原则,同时考虑到 DEA 研究中决策单元数至少是指标数量两倍及以上的原则,本书选取创新创业培训和资金技术服务作为众创空间评价的投入指标,包含开展创新创业活动场次、创业导师人数等 5 项二级指标,选取创业集聚能力和创新创业成效作为众创空间评价的产出指标,其中包含创业团队数量、创业团队和企业吸纳就业情况等 4 项二级指标,所有指标均为客观指标,不包含任何主观指标,具体指标见表 3-2。

表 3-2　国内众创空间运行效率评价指标体系

指标类别	指标层次 1	指标层次 2
投入	创新创业培训	X1 举办创新创业活动场次
		X2 开展创业教育培训场次
		X3 创业导师人数
	资金技术服务	X4 提供技术支撑服务的团队和企业数量
		X5 团队及企业当年获得投资总额

指标类别	指标层次 1	指标层次 2
产出	创业集聚能力	Y1 创业团队数量
		Y2 初创企业数量
	创新创业成效	Y3 创业团队和企业吸纳就业情况
		Y4 创业企业和团队拥有的有效知识产权数量

2. 数据的选取与确立

选取我国 30 个省（自治区、直辖市）众创空间的截面数据作为研究样本（其中西藏地区由于数据缺失，不纳入数据选取范围）。数据主要来自由科学技术部火炬高技术产业开发中心编的《中国火炬统计年鉴》，对于个别缺失数据，采用多重插补法进行缺失值替代，共 306 个观测值。同时，为了深入剖析国内不同地域众创空间的发展状况，根据国家统计局统计分类标准，本书按照区域协调发展战略中对经济区域的划分将样本分为东部、中部、西部及东北部四大类进行分析。此外，DEA 方法被认为是一种非参数化方法，不需要事先确定投入和产出的函数关系和预估参数，其评估结论与指标量纲无关，因此不需要对数据进行无量纲化处理，各变量的描述统计量见表 3-3。

表 3-3　国内众创空间投入和产出指标的描述性统计

指标名称	均值	标准差	最小值	最大值
创新创业活动场次	5031.13	3749.62	46	15280
创业教育培训场次	3522.03	2531.39	30	9225
创业导师人数	4035.60	2850.23	219	11223
提供技术服务的团队数量	2472.60	1845.18	27	8084
投资总额	2253462.37	4314432.19	10300	20436219
创业团队数量	7877.50	7113.59	216	34900
初创企业数量	6062.67	6800.11	101	35632
吸纳就业情况	57643.20	55314.53	983	244731
有效知识产权数量	5067.87	6941.43	29	36328

（三）实证结果

本书首先对 30 个省（自治区、直辖市）众创空间的发展现状进行了测度,将其运行的投入产出数据代入 C^2R 模型,基于投入径向方法对模型进行求解,得到各地区众创空间的综合效率、纯技术效率和规模效率等指标,具体结果见表3-4。

表3-4　30个省份众创空间 C^2R 模型评价结果

省 (自治区、 直辖市)	综合 效率	纯技术 效率	规模 效率	规模 收益	省 (自治区、 直辖市)	综合 效率	纯技术 效率	规模 效率	规模 收益
北京	1.000	1.000	1.000	crs	河南	0.850	0.841	0.850	drs
天津	0.697	0.739	0.942	drs	湖北	1.000	1.000	1.000	crs
河北	0.692	0.782	0.885	drs	湖南	1.000	1.000	1.000	crs
山西	0.992	1.000	0.992	drs	广东	1.000	1.000	1.000	crs
内蒙古	1.000	1.000	1.000	crs	广西	0.864	1.000	0.864	drs
辽宁	0.871	1.000	0.871	drs	海南	1.000	1.000	1.000	crs
吉林	0.839	0.920	0.913	drs	重庆	0.817	0.998	0.818	drs
黑龙江	1.000	1.000	1.000	crs	四川	1.000	1.000	1.000	crs
上海	1.000	1.000	1.000	crs	贵州	1.000	1.000	1.000	crs
江苏	1.000	1.000	1.000	crs	云南	0.958	0.962	0.996	drs
浙江	1.000	1.000	1.000	crs	陕西	0.547	0.595	0.920	drs
安徽	0.868	0.871	0.997	irs	甘肃	0.987	0.987	1.000	crs
福建	1.000	1.000	1.000	crs	青海	0.666	0.828	0.804	drs
江西	1.000	1.000	1.000	crs	宁夏	0.981	1.000	0.981	irs
山东	1.000	1.000	1.000	crs	新疆	0.986	1.000	0.986	irs

注:drs为规模收益递减,irs为规模收益递增,crs为规模报酬不变。

　　表3-4中综合效率值表示运用基于投入的 C^2R 模型计算出的各地区众创空间发展现状得分,综合效率值(crste)为纯技术效率(vrste)与规模效率(scale)的乘积。在经济学中,纯技术效率指的是企业因管理和技术等因素影响而形成的生产效率,规模效率则是由企业规模因素影响所产生的生产效率。从表3-4中可以看出,除天津、河北、吉林、安徽、河南、重庆、云南、陕西、甘肃、青海等10个省(直辖市)纯技术效率小于1以外,国内其他省(自治区、直辖市)众创空间技术效率均相对有效。对于纯技术效率小于1的省

（自治区、直辖市），可以通过优化众创空间投入指标结构来减少对现有资源的浪费，进而使得产出最大化。此外，全国有 16 个省（自治区、直辖市）众创空间规模效率为 1，处于固定规模报酬阶段，规模效率有效；安徽、宁夏、新疆3 个省（自治区）众创空间处于规模报酬递增阶段，说明这 3 个地区创新创业产出的增加幅度略大于投入的增加幅度，因此可以适当地扩大众创空间规模，同时加大创新创业资源的投入，提升其规模效益；其余省份均处于规模报酬递减阶段，其众创空间产出的增加小于投入的增加，出现了资源投入冗余的情况，这与国内大部分众创空间"有空间没人气"的现状相符合，应尽量避免区域内众创空间的无序引入，提高现有创业资源的利用率，这一结果也体现了本书研究的合理性。C^2R 模型下的 DEA 有效指的是决策单元既为"技术有效"，也为"规模有效"，通过计算共有 15 个省（自治区、直辖市）众创空间达到 DEA 有效，DEA 无效的决策单元效率均值为 0.841，无效程度达 15.9%。

　　从地区空间分布来看（见表 3-5），4 个地区纯技术效率均为 1，但规模效率均小于 1 且处于规模收益递减阶段，应适当控制或减少众创空间投入规模。其中，东部地区众创空间综合效率最高，达到 0.871，中部地区次之，评分为 0.863，排在后面的是东北部和西部地区，得分分别为 0.811 和 0.770，各地区众创空间改进空间仍比较大。利用 EMS1.3 软件进行超效率模型求解，各决策单元超效率得分及排序见表 3-6，东部、中部、西部及东北部 4 个地区的投入冗余与产出不足见表 3-7。

表 3-5　4 个地区众创空间 C^2R 模型评价结果

地区分布	综合效率	纯技术效率	规模效率	规模收益
东部	0.871	1.000	0.871	drs
中部	0.863	1.000	0.863	drs
西部	0.770	1.000	0.770	drs
东北部	0.811	1.000	0.811	drs

注：drs 为规模收益递减。

表3-6　30个省份众创空间超效率得分及排名

省(自治区、直辖市)	θ^{super}	排名	省(自治区、直辖市)	θ^{super}	排名
北京	1.593	3	河南	0.850	26
天津	0.697	27	湖北	1.228	8
河北	0.692	28	湖南	1.011	15
山西	0.992	16	广东	1.225	9
内蒙古	1.381	5	广西	0.864	22
辽宁	0.824	24	海南	1.087	12
吉林	0.839	23	重庆	0.817	25
黑龙江	1.048	14	四川	1.251	6
上海	1.738	2	贵州	1.090	11
江苏	1.148	10	云南	0.958	20
浙江	2.432	1	陕西	0.547	30
安徽	0.868	21	甘肃	0.987	17
福建	1.075	13	青海	0.666	29
江西	1.247	7	宁夏	0.981	19
山东	1.490	4	新疆	0.986	18

表3-7　国内众创空间投入冗余与产出不足

地区分布	决策单元	创业教育培训(s_2^-)	创业团队数量(s_1^+)	初创企业数量(s_2^+)	吸纳就业(s_3^+)
东部	北京、天津、河北、上海、江苏、浙江、福建、山东、广东、海南	56.11	0	0	37179.05
中部	山西、安徽、江西、河南、湖北、湖南	516.19	1495.20	1500.63	0
西部	内蒙古、广西、重庆、四川、贵州、云南、陕西、甘肃、青海、宁夏、新疆	2119.43	0	0	12237.95
东北部	辽宁、吉林、黑龙江	302.40	505.39	1081.04	0

注:"0"表示该项投入或产出改进值为0,投入或产出相对合理的指标未在表中列出。

　　通过 DEA 超效率模型的计算,国内众创空间运行效率排名前 3 的省(直辖市)是浙江、上海、北京,这与国内"双创"事业发展的现状相符,这 3 个省(直辖市)是创业者集聚之处,浙江是华东地区的创业中心,以阿里系为代表聚集了众多电商企业,形成了诸如杭州梦想小镇、云栖小镇等出色的众创空间创业生态系统;北京是创业服务最集中的地区,以中关村创业生态系统为标杆,聚合了大量创业企业和服务机构;上海作为国际科技创新中心,汇聚了苏河汇、阿里云创新中心等优质众创空间,并且凭借领军企业的带动作用,成功孵化了一批高质量创业企业。此外,根据表 3-7 计算结果可得:① 在"创业教育培训"这一投入指标上,4 个地区均出现冗余,其中西部地区的创业教育培训冗余 2119.43 个单位。这在一定程度上反映出各地区在创业教育培训的开展上存在盲目性,忽视了对创新创业企业提供专业化的成长辅导及创业项目分阶段的培训,致使创业者参与性低,最终造成培训资源投入的浪费。在众创空间运行效率不变的情况下,各地区可以通过节省创业教育培训成本来优化投入结构。② 东部和西部地区的"吸纳就业"这一指标数分别为 37179.05 和 12237.95 个单位,表明这两个地区众创空间同质化现象严重,体现为空间所提供的服务类似,通常涵盖办公服务、工商注册、企业培训等,在工位供给上趋于一致。此外,许多众创空间只关注硬件设施,忽视了软件和生态,致使创业团队或企业很难拥有立足的根基,无法形成规模化,众创空间吸纳就业水平低,自身造血功能缺失。③ 中部和东北部地区在创业团队和初创企业数量上均显不足,众创空间入驻率偏低,这表明这两个地区众创空间的创业者集聚能力与孵化能力较弱,大量资源被浪费闲置,未能发挥创业服务和孵化的作用。④ 综合来看,各地区众创空间在"举办创新创业活动"、"创业导师人数"及"提供技术服务的团队数量"这 3 个指标上的投入相对合理,"有效知识产权数量"的产出情况也相对较好。

　　众创空间能够有效地集合各类为创新创业人才培养服务的社会要素和支持体系,形成良性循环的众创空间创业生态系统,对加快推进大众创业万众创新具有重要的现实意义。本节以科技部评价众创空间发展情况的指标为基础,融合其他学者研究成果,构建评价指标体系,基于国内 30 个省(自治区、直辖市)众创空间的截面数据,运用 C^2R 模型和 DEA 超效率模型对国内众创空间运行效率进行计算和排序,并按照区域协调发展战略划分为东部、中部、西部和东北部4个地区进行投入和产出分析。研究得出以下结论:从运行效率评价结果看,东部、中部、西部和东北部4个地区众创空间均处于规模收益递减阶段,与国内众创空间发展现状相符。各地区众创空间创新创业资源投入相对充裕,然而资源的盲目投入制约了规模收益;投入产出分析表明,各地区均出现大量创业教育培训冗余,培训活动注重实体、场地、活动形式,同质性服务严重,创新性不够等问题,忽视了众创空间的专业化服务需求;对于东部和西部地区而言,吸纳的就业数与资源投入之间存在严重偏差,中部和东部地区众创空间入驻率偏低,创业集聚能力较弱。

三、 国内众创空间创业生态困境的成因分析

（一）众创空间定位不明确,主体关系松散

当下,国内众创空间大多存在空间定位和运营模式不清晰的问题,运营商在对自身要打造何种类型的众创空间,以及对专业化行业缺乏准确定位的情况下,广泛吸纳创业企业和服务机构,导致创业企业入驻空间后产生疏离感,创业企业与服务提供方关系松散。众创空间内主体的疏离感是指,空间文化氛围、行业资源供给与企业自身需求和预期存在的差异、不匹配或不一致的现象,从而致使创业主体积极寻求共生关系的意愿大幅降低,最终产生异类感、不和谐和无归属的消极心理。科技部的一组统计数据显示,仅有22%的创业企业对众创空间的服务及孵化能力非常满意,从分类小项上看,对众创空间创新创业服务项目的满意度均值仅为29%。空间定位的模糊性致使企业之间资源供给不匹配,加剧创业主体之间信息不对称,增大企业共生关系中的不稳定性,引发投机取巧、"钻空子"等消极行为。在关系松散的众创空间环境中,无论是创业企业还是创业支持机构都难以在空间内获取自身所需的互补性资源,最终致使空间内创业资源投入被浪费,众创空间"造血功能"丧失,企业之间关系疏远,创新产出效率大打折扣。

（二）众创空间同质性高,特色化服务欠缺

众多研究众创空间的学者指出,同质性严重是制约当前国内众创空间发展的因素之一,反映了许多众创空间特色服务欠缺、盈利模式单一等问题。众创空间的同质性包括提供服务同质性和政策资源同质性。具体而

言,服务同质性指国内大部分众创空间仅提供场地、网络和设备等基础性资源,而对于产业链、媒体宣传和营销模式等高端资源的对接存在空缺,同质化的服务使得创业企业服务体系不完整,部分众创空间依靠差价盈利模式维持运营,通过政府供给的政策性空间,以"二房东"的形式租赁给初创企业,扭曲了国内扶持众创空间的初衷。此外,有学者指出,目前众创空间扶持政策存在条款重复现象,这会对"双创"资源的兼容性造成影响。众创空间服务的同质性和政策的高重复性都会导致同一类型创业企业的大量涌现,新创企业之间可能会产生为攫取空间和政府资源而引发的恶性竞争。

（三）众创空间治理缺位,监管力度不够

目前,国内众创空间的发展多依靠政府"输血"扶持,这种大量的"鼓励""资助""允许"在带来创业资源的同时,引发了大批同质性企业的入驻,加上上述空间定位模糊、优质特色资源稀缺、服务体系不完整等问题,出现创业主体之间关系松散、恶性竞争严重,以及盈利模式不清晰等现象。这表明单靠政府补贴和引导的浅层模糊政策仅能在短期内发挥导向作用,长期而言很容易出现效仿类似的发展政策和模式,出现政策"糊弄"行为,从而形成千篇一律的众创空间发展格局。因此,众创空间治理上的缺位亦是导致其发展困境的成因之一,制定与众创空间发展相适配的鼓励措施、多样化的扶持政策,实施引导与监管并行的"双创"政策,填补众创空间治理缺位现象,是推进众创空间发展的关键着力点。

四、众创空间创业生态系统共生研究的必要性

根据上文分析可以看出,众创空间在全国范围内的发展为各个地区的初创企业和创客团队提供了广阔的创业机遇,创业者们在众创空间内可以享受低价甚至免费的场地、设备和服务,为他们创业概念的落地提供了施展空间,众创空间创业生态系统的构建无论是对于提升创新创业活力还是带动就业都发挥着不可或缺的作用。目前,众创空间在国内的发展已进入第二个五年,即将从尝试摸索阶段慢慢步入正轨,对众创空间的研究需要给予更多的关注和探讨。此外,面对"十四五"规划,如何打造和优化众创空间创业生态依然是一个重要议题,对众创空间创业生态系统展开研究有其必要性。

目前，国内众创空间创业生态面临着诸如空间入驻率低、空间同质性高、创业集聚能力弱等问题，加之突如其来的新冠疫情，全球经济下行，创业环境不容乐观，众创空间创业生态系统中创业企业和利益相关者形成的共生关系也遭受了严重冲击，例如大批创业企业退租导致"空"间率上升，以及运营过程中的资金周转难题等一系列困境。创业生态系统共生对于解决众创空间现存问题具有合理的切入点，两者都共同关注如何协调和凝聚主体关系、如何挖掘更高效的共处模式，以及如何更好地适应创业环境。互惠共生的众创空间创业生态系统可以促进共生主体间互补性资源的交流和融合，弥补创业企业发展的资源约束，增强空间服务能力，更好地发挥"双创"政策引导应有的效用，从而促进创新创业资源的不断汇聚，提升地区创新创业活力。因此，众创空间创业生态系统共生是国家政策所指和"双创"发展的必然趋势，有必要通过构建完整的研究体系对众创空间创业生态系统共生机制展开探讨。

第二节　众创空间创业生态系统共生的机理分析

一、众创空间创业生态系统共生的相关概念

（一）众创空间的界定

本书研究聚焦于综合生态型众创空间。首先，从生态系统的角度来看，创业生态系统是一个要素相互依存、彼此影响、协同发展的动态平衡系统，系统内涵盖了多层次的生态圈。相较联合办公等类型的众创空间，综合生态型众创空间往往占地较多，地理上空间较大，生态较复杂，入驻的孵化器模式多种多样，各类孵化器在系统中聚集且形成相互嵌套的格局。例如杭州梦想小镇，该众创空间入驻了阿里百川计划、紫金港、良仓等各类孵化器。综合生态型众创空间在创业企业和服务资源方面展现出更为显著的生态多样性特征，创业企业与各利益相关方之间会通过系统的自组织性形成错综复杂的创业生态网络，不同规模和不同类型的众创空间会通过相互嵌套促进生态系统的动态演化，与普通孵化器及其他类型众创空间相比，其生态系

统特性更为突出。

其次,根据政策的指引,众创空间发展的目标在于形成一整套涵盖创意产生、创业孵化、成果转化及促进产业集聚的创业生态系统,例如中关村的创业生态系统。综合生态型是众创空间的发展趋势,相较于传统孵化器,其更为注重综合性、开放式、全要素及生态性,以达成创新创业产业集聚为目标,是可以提供资源交换、项目交流、投融资和创业培训等内容的综合服务平台。

最后,共生与共存不同,共生的研究涉及时间维度上系统内各要素的动态变化,综合生态型众创空间包含了处于各发展阶段的创业企业、龙头企业,以及由领军企业带动打造的创新中心等孵化器,以综合生态型众创空间为研究对象,更能够全面考察众创空间内的各类主体要素之间的互动关系、共生模式演化及共生环境的不足之处。

因此,为更好地契合本书的研究视角和所需解决的问题,本书主要以具备包括投融资服务、知识产权服务、项目申报服务、产业链对接等一整套完整创业服务体系,以及各类孵化器多层嵌套格局的综合生态型众创空间为研究对象。此外,综合生态型众创空间内往往会包括上述其他类型的孵化器,对其共生机制的研究开展亦能够在一定意义上为其他类型众创空间的发展提供启示。

(二)众创空间创业生态系统的内涵

创业活动离不开创业企业与环境和各利益相关者之间的资源交流与互动,需要一个系统的、能够剖析创业企业与创业环境、利益相关者复杂关联的理论来研究创业——创业生态系统理论提供了这样一个视角。本书的研究主要强调主体间的复杂动态关系、种群演化路径和政策环境的保障机制。结合文献梳理和理论基础,本书认为创业生态系统是一个在经济、政策、文化等环境因素影响下,以创业企业为主体,通过多重聚合层级与利益相关者之间非线性交互作用所形成的,进行创新创业活动的复杂系统。创业生态系统在构成要素和进化方式上具有自然生态系统的特性,但也有其独有的特征,自然生态系统和创业生态系统构成要素和演化方式的对比参见表3-8。

表3-8　自然生态系统和创业生态系统构成要素和演化方式对比

项目		自然生态系统		创业生态系统
构成要素		物种、种群、群落、自然环境		创业企业、利益相关者、创业环境
演化方式及内涵	遗传	复制基因,进行生物体构造和生理机能的继承	遗传	对市场上主导型创业企业模式的复制、遵循与继承
	变异	种群基因频率的改变	变异	外部资源的汇入,新事物的出现,通过创新行为对现有创业要素的重新组合
	突变	物种遗传物质的可遗传性的根本性或超越常规进程的改变	选择	由于创业网络中技术扩散、知识溢出等,创业主体选择与系统环境相适应的习俗、惯例和行为方式以保证自身发展
	竞合	生物在生存竞争中适应力强的保存下来,适应力差的被淘汰	竞合	通过市场竞争实现适者生存的过程

　　自然生态系统反映了一种均衡性、稳定性、可持续性、互动性、边界性和动态性,创业生态系统除具备一般生态系统的属性外,还具有其特殊的属性:

　　(1)整体性。指创业生态系统中的各要素并非独立存在,系统是由创业企业及其利益相关者等主体相关联所构成的共同体,各要素彼此间会通过相互联系与制约,形成共生关系,并通过资源间的交流互动使得创业生态系统可以发挥整体功能超过各要素单独作用效果之和的特性。

　　(2)自组织性。该特性是创业生态系统中,各创业主体为适应内外部环境刺激所产生相应行为决策的综合反应。创业主体在面对其他要素或创业环境变动时,能够通过自我调节做出反应,使系统维持有序的自我发展并不断进化至平衡状态,自组织性是系统得以演化的关键属性。

　　(3)动态性。创业生态系统内部的创业主体和创业环境都是动态变化的,创业要素在系统内也是不断流动的,系统要素能随着内外部创业环境的变化不断动态演化,从而使系统发展。

　　(4)开放性。该特性是创业生态系统得以良性发展的前提。只有在开放条件下,系统内部不同的创业主体才能自发地完成创业资源的交换,新的市场和技术信息才能通过创业网络扩散,从而推动各创业主体共同开展技术创新。

（5）根植性。该特性决定了创业生态系统是不可复制的，即各地创业生态系统的发展都需要符合当地经济、社会、自然等方面的文化和地理特征，不能通过简单模仿和复制先进地区成功的创业生态系统经验来进行自身发展，该特性是将地区宏观环境因素尤其是政府角色纳入创业生态系统研究，并关注其与创业主体间的关联和共生关系的重要前提。

众创空间内的企业、机构和组织具有多样性，创新创业资源互动过程与生态系统各级元素互动过程高度相似，创业企业与各类利益相关者之间有复杂交错的关系进而形成创业生态网络，具备鲜明的生态系统特征。将众创空间视作创业生态系统，是以生态学理论为基础形成的创业活动研究新范式。众创空间具有自然生态种群的特征，其作为服务创新创业的空间载体，聚集了创业者、服务组织等多方主体，它们自发形成生态系统。学者们从生态系统视角分别对腾讯众创空间、杭州梦想小镇、杭州云栖小镇和中关村国家自主创新示范区展开了研究，因此利用创业生态系统理论研究众创空间具有理论和现实依据。

本书通过对众创空间和创业生态系统内涵及特征的阐述，结合众创空间创业生态系统所具有的生态特性，提出众创空间创业生态系统内涵：众创空间创业生态系统是在政府引导下，由众创空间内各类型创业孵化机构相互嵌套，且创业主体之间地理位置邻近、制度支持特征明显、服务组织丰富，众多创业活动通过多种创业要素的相互作用和交流在特定地理空间集聚所形成的复杂系统。本书的研究目的在于利用"双创"资源在空间内的流动和迸发，帮助创业主体充分利用和开发各种创新创业机会和能力，通过多种创业途径，形成互惠共生的开放式创业生态系统，最终实现特定区域"双创"事业的突破性发展和质的飞跃。

（三）众创空间创业生态系统共生主体界定

有学者通过政策文本分析"双创"政策的内容，发现近几年"服务"取代"管理"成为创业政策的高频词，并且愈发强调多主体的参与。众创空间创业生态系统中主体种类和数量丰富，因此有必要对众创空间创业生态系统共生主体进行界定。

根据共生理论，共生要素涵盖共生单元、共生环境和共生模式这三要素。众创空间创业生态系统共生主体所对应的便是共生理论里的共生单元，共生单元是构成创业生态系统的必要且最基本的单位，因而能够应对众创空间创业生态系统里的创业企业、金融机构、学研机构等主体。

首先，通过对国家政策的解读可以发现，在中国，众创空间创业生态系统属于一种综合型的创业服务机构。众创空间借助专业化和特色化的服务，整合相关资源，为创业企业提供最为紧迫、最具价值的各类服务，以此助力创业项目更高效地开展，培育优质企业。与其他类型的生态系统不同，这里着重强调创业企业所处的核心地位，其他企业、组织或者机构更多强调的是它们对创业企业的扶持作用。因此，众创空间创业生态系统的核心共生单元为创业企业，并且多为初创型企业。

其次，相较于传统孵化器和加速器，众创空间创业生态系统不仅关注对创业企业的孵化，还注重引导多方参与者提供专业的增值服务，包括为创业企业提供创业辅导、交流培训和指导项目申报的创业导师，提供行政代办、资质认定和融资服务的中介机构，提供投融资服务和财税服务的金融机构，提供科研平台和人才交流的学研机构，以及提供商务展览、产业链对接、知识产权服务等一系列"双创"资源的运营方、企业和个人。他们通过在创业企业中进行一种或多种投入，产生一定程度的利益诉求，构成形式上的"赌注"，并通过"赌注"影响企业活动，或受企业活动的影响，这符合利益相关者的特性。此外，有学者指出，生态系统可用于描述创新创业活动所需的不同利益相关者之间的协调关系。因此，本书将上述个人、机构和企业定义为创业企业的利益相关者，并将其作为众创空间创业生态系统共生单元之一。

最后，作为"双创"政策发展的产物，国内众创空间创业生态系统的发展离不开政府的支持。政府既是作为政策发布方的创业环境要素，亦与创业主体之间存在复杂的交互关系，为突出政府在众创空间创业生态系统共生中的作用，本书将政府作为主体之一纳入研究。值得一提的是，众创空间创业生态系统所涉及的政府部门是以构建生态系统为首要任务的，其主要工作是通过放权、松绑、制定相关政策、提供优质服务、不与系统内企业争利等方式，为创业生态系统营造"双创"适宜的共生环境。本书对于利益相关者的划分主要依据 Charkham 的契约理论思想，即以是否具有交易性的契约关联为依据。众创空间创业生态系统相较于其他类型的生态系统，更显著的特征是强烈的政策导向。政府在系统内更多的是作为一个服务方和管理方,而非交易方,包括系统内的管委会和所在市(区)政府等。因此,本书未将政府纳入利益相关者种群之一进行研究,而是更多地将其作为一个环境要素,探讨其对众创空间创业生态系统共生主体之间交互关系和系统发展的影响。

　　综上,基于共生理论、多主体的研究视角,以及国内众创空间创业生态系统的情境特征,本书将共生主体划分为创业企业、利益相关者和政府。在政策环境的支撑下,以创业企业为核心,通过利益相关者网络,众创空间创业生态系统内实现了彼此间创业要素的共享和价值观的协调,从而优化了创业过程中复杂问题的解决方案,并在合作中建立起信任和承诺(图 3-4)。

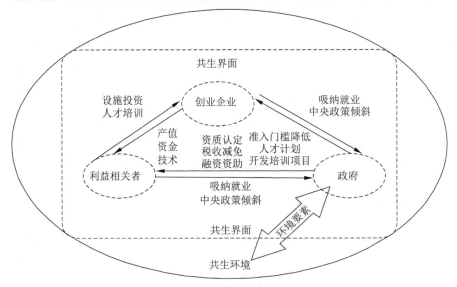

图 3-4　众创空间创业生态系统共生主体

（四）众创空间创业生态系统共生的内涵

　　在种群生态学中,共生是指在一定自然环境中,物种间出于自身需求相互选择、互动交流,形成某种关系,并通过这种关系的演化实现互利共存、协同进化的过程。共生既表现为物种为了获取自身生存所需的养分和提升生存能力与其他物种相互依存的关系,同时也表现为物种与其所处的自然环境间通过一连串相互作用、彼此依存、协调共进的互动所形成的关系。"共生"是种群生态学中的重要概念,是自然界中的常见现象,其广泛地存在于物种丰富、种群多样和环境复杂的自然生态系统中。众创空间创业生态系统中,各创业主体和利益相关者通过所建构的生态系统互动交流,其间关系逐渐展现共生特征。与自然生态系统中生物体共生现象类似,众创空间创业生态系统内创业主体及其与创业环境之间会在一定地理范围内相互作用、相互影响和相互联结。虽然创业主体与生物共生的主体大相径庭,但不同物种之间、各种群内部,以及与共生环境之间存在互动性和相互协调的特征,符合共生的特征。此外,生态学共生理论指出,共生系统是共生理论和复杂系统理论的结合,以生物体及其所处的非生物环境为核心所形成的共生关系具备系统特性,并且系统中多样性的种群共生模式的演化亦符合生态学特征。因此,创业生态系统与共生系统在形成演化上具有相似特征。可以认为,对于特定的创业生态系统而言,其就是一个共生系统。

结合众创空间创业生态系统的内涵,以及对其共生主体的界定,本书将众创空间创业生态系统共生定义为:以创业企业、利益相关者及政府为主体的共生单元,出于对异质性创新创业资源的获取,在众创空间创业生态系统所提供的创业平台这一共生界面上,通过创业活动形成共生关系,而后依据不同种群间共生模式的演化,以实现资源共享与互补、促进创业孵化和创新产出、推动创新创业高质量发展为目的,形成共存的生态系统的现象。

二、众创空间创业生态系统共生的结构

关于众创空间创业生态系统共生结构的探讨,不仅包括对众创空间创业生态系统内共生要素的认识,还包括对共生要素之间复杂关联的分析。根据共生理论,对于众创空间创业生态系统共生要素的认识可以从"生物成分"和"非生物环境"两个角度着手,众创空间创业生态系统共生结构主要包括共生单元、共生基质、共生界面、共生网络和共生环境5个方面。

共生单元是构成众创空间创业生态系统共生关系形成和系统演化的基本单位,是众创空间创业生态系统共生的生物成分。不同共生单元具有差异性的特征,在进行共生伙伴选择时需要从彼此的行业特质、创新资源需求、创业目标等方面进行匹配,实现创新创业资源上的兼容与互补,才能最终形成连续、稳定、长久的一体化共生关系。根据前文的分析,众创空间创业生态系统共生单元包括创业企业、利益相关者和政府三大主体。

共生基质是共生单元所具备的能够代表自身"标识"的技术、信息、知识等各种资源。众创空间创业生态系统中的共生基质既包括资金、技术、人才、服务等有形基质,也包括创业经验、个人能力、企业文化等无形基质。共生基质是共生单元之间交流和互动的基础,也是驱动众创空间创业生态系统内主体共生的因素之一。

共生界面又称共生平台,是共生单元之间进行互动的载体。众创空间创业生态系统共生界面是指为创新创业主体开展创业项目、提供增值服务、举办"双创"活动的平台,包括产学研对接平台、技术赋能平台、金融服务平台、创新中心等平台组织。众创空间创业生态系统中的共生界面具备鲜明的服务性能,其面向的是场地供给、创业培训、资质认定、对外合作对接、专利交易等一站式"双创"资源供给,主要为创客团队、创业企业及创业支持机构创业孵化与创新成果产出提供共生平台。

共生网络代表的是众创空间创业生态系统中异质性共生单元之间互动形成的创业网络,不同网络层级上的创业企业及利益相关者会出于对创业机会的挖掘进行一系列循环往复的协同共生演化活动。根据共生单元类型的不同,众创空间创业生态系统中的创业链包括创业企业之间的竞合关系、创业企业与利益相关者之间的合作关系、创业企业与政府之间以及利益相关者与政府之间的互动关系等。在众创空间创业生态系统中,以机会共创为契机的创业企业与利益相关者共生行为促使了创业链的形成,不同创业链上的创业企业依据技术邻近,进行跨链间的资源获取和机会识别,共同形成了共生网络。

共生环境是众创空间创业生态系统中主体赖以生存的物质和资源环境,众创空间创业生态系统的共生环境包括由高校、科研机构、研发平台、技术转移平台等利益相关者组成的技术供给环境,由银行、证券公司、金融专营机构等利益相关者组成的金融支持环境,由创业培训平台、产业链对接平台、产学研对接平台等利益相关者组成的平台合作环境,以及由各级政府所提供的基础设施、政策补贴、表彰示范等政策环境。良好的共生环境对众创空间主体和系统的发展至关重要。

笔者基于前文对众创空间创业生态系统共生的主体和内涵的分析,构建了众创空间创业生态系统共生结构模型,如图 3-5 所示。共生单元是形成生态系统共生的基本单位，是生态系统的"生命体"，同时亦是"双创"事业的主要推动者。共生基质是共生单元的"养分"，是共生单元得以在生态系统生存的基础、资本和与其他主体相互区分的"标识"，是共生单元之间互动结网的驱动要素。共生界面是共生单元活动的载体，是创业活动得以顺利开展的平台。共生网络是通过共生关系所实现的主体之间形成的关系网。共生环境是促进共生基质在共生单元之间流动的外界动力，其体现了不同生态系统所具备的边界特征。综上，在众创空间创业生态系统共生体中，创业企业、利益相关者和政府等共生单元会依靠各自所掌握的"双创"资源等共生基质，通过相互嵌套的共生界面，建立共生关系，从事创业孵化和创新产出等活动。而作为共生环境的各项"双创"政府政策环境、金融支持环境、技术供给环境及平台合作环境等是影响共生关系形成和系统共生演化的重要因素。五大共生要素间的复杂交互和协同共进，实现了众创空间创业生态系统的共生，进而促进区域"双创"事业的发展。

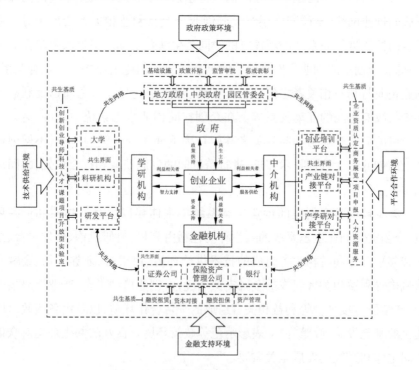

图3-5　众创空间创业生态系统共生结构

三、 众创空间创业生态系统共生的特征

根据前文的分析,众创空间作为创业生态系统可视为一个复杂系统,其兼具了复杂系统所具有的复杂适应性和自组织演化性。不同于自然生态系统,众创空间创业生态系统的共生主体都是具有目标理性的经济人,这导致其共生不可避免地具有利益驱动性。此外,众创空间创业生态系统共生发展受到政策引导的影响,因此还具有政策导向性,这也是众创空间创业生态系统相较于其他创业生态系统所独具的时代背景及国情特征。

(一)复杂适应性

学者们普遍认同创业生态系统是一个复杂适应系统,因此众创空间创业生态系统在其共生过程中具有适应性和复杂性。适应性是指在共生过程中,共生主体是"关系实体",具有对内部信息处理和做出反应、决定的能力,它们通过"传感器"感知环境,对未来可能产生的变化做出预判,并实施相应的行动反馈,对共生关系的建立、延续或瓦解做出最符合自身需求的决定。适应性造就复杂性,复杂性在复杂系统科学中被理解为一种"隐秩序",即在一个复杂系统内,每一个主体都不是孤立的,其任意一个行为都会或多或少地影响系统部分或整体的演化方向。整个系统的演化方向并非是每个主体行为的简单累加,而是系统要素非线性复杂交互的结果。

在众创空间创业生态系统共生中,创业企业与利益相关者都需要根据自身需求和外部环境的变化,对共生伙伴的选择做出判断。建立最适配的伙伴关系有益于企业对未来发展路径的规划,同时企业也会根据彼此行动的反馈对自身目标、期望做出调整,以确保损失最小或利益最大。众创空间创业生态系统共生过程中所展现的复杂性体现在两个方面:一是创业要素的复杂性。在众创空间创业生态系统中,某个创业主体可能同时存在混合身份,如一名创业者可能同时兼有投资者和创业导师的身份,这就导致了共生关系具有复杂性;二是共生模式的复杂性。在系统共生演化过程中,可能同时存在多种共生模式,如出于机会主义行为而产生的寄生模式和偏利模式等模式共存。

(二)自组织演化性

自组织理论是探究复杂系统演化的常用分析框架,"自我驱动"是自组

织系统的核心特征。区别于"他组织"，自组织演化是指，组织的发展没有外界设定的方向和规则，这也与前文所述众创空间创业生态系统的"根植性"相照应。自组织演化的动力来自系统本身，由系统主体间动态性、非线性的作用主导演化方向和速度，外界力量会影响自组织的发展，但无法决定系统演化的方向。自组织系统会根据自身发展，通过不断适应实现进化。它通过系统内部结构和要素之间的不断优化，以及稳定程度的持续提升，促进系统从无序向有序演化，这本质上是自主循环的创新行为。众创空间创业生态系统的共生演化满足自组织特征，创业主体之间的非线性动态交互作用使得已有系统规则不断被打破，创业各要素反复尝试新的运作规则，创业网络通过随机涨落和突变结构化进行聚集体自重组的尝试。

　　创业生态系统下的众创空间实际上是一个主体间知识、技术沟通交流的多重创业网络嵌入。众创空间创业生态系统的演化可以依据创业网络嵌入的自组织演化，以及上述"遗传—变异—选择—竞合"机制表示，如图 3-6 所示。首先，创业企业和其他主体在区域经济中从事各自的经营活动。在这一阶段，个体创业者、创业团队、在位企业及潜在创业者等创业参与主体根据自身的创业意愿提出构想，并最终实现商业化，开展创业活动。无论是创业主体还是创业扶持机构，它们均对自身所处的创业网络环境具有较强的敏感性，不同主体间的资源共享及协调互动较少。然而，随着创业主体行为和结果对其他主体所造成的影响，以及系统层级价值文化的扩散，各创业企业之间及创业企业和其他创业支持机构间会产生凝聚力，资源的持续注入也将开始陆续得到反馈。创业参与主体与创业扶持机构通过各类非正式网络和正式网络建立共生关系，如情感性创业活动（在差序格局下由创业者的亲朋好友组成的互助关系）、交易性创业活动（因合作经历所带来的信任及依赖性合作关系），以及社会性创业活动（基于市场的复杂交易关系）。随着时间的推移，各类创业网络的涌现、创业主体的联合行为、创新技术的引入、创业活动之间形成的系统层级的价值导向，以及系统初期持续注入的资源，都会进一步增强主体间的聚合力，进而促使创业生态系统出现结构化的倾向。不同类型网络的嵌入使得主体间通过对复杂系统微观和宏观层面运行的内外环境的反馈，以及主体之间的非线性关系产生了一系列交互作用，众创空间创业生态系统正是通过这些交互关系得以共生演化。

此外,众创空间创业生态系统中主体间预设的简单互动行为会导致无法预知的复杂要素的涌现。由于资源的不断汇入,主体间凝聚力的加强,会出现适应于突变状态的新生主体,这些主体种类更多,结构更复杂,运行方式和规则更丰富,比如企业、高校和科研机构所形成的创业网络——产学研联盟等。众创空间创业生态系统共生演化的自组织特性实质上是对当前系统的解构、重组及聚合,这意味着创新创业资源的整合与优化分配,以及主体间凝聚力的加强。随着彼此间价值传递和信息共享,系统的边界也逐渐明晰,资源分配与主体间互动趋于合理,创业生态系统通过自我驱动向着更有序的阶段演化。

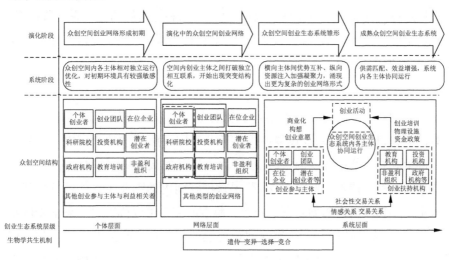

图3-6　基于创业网络嵌入的众创空间创业生态系统自组织演化

（三）利益驱动性

利益驱动性是众创空间创业生态系统作为一个经济系统所具有的特征,具体表现为共生主体间基于获得某种利益而建立的共生关系。众创空间创业生态系统作为创业企业、高校、投融资机构等主体之间通过创新创业活动相互作用构成的复杂创业网络,共生主体间的同质资源共享或异质资源互补会形成共生关系,这种关系能促进创业项目孵化,带来企业绩效的提升,最终有效推动众创空间创业生态系统螺旋式发展。众创空间创业生态系统内创业企业、利益相关者和政府之间是基于利益导向的共同体关系,众创空间中某一企业的成功会吸引更多的优质企业入驻,一些拥有核心技术的领军企业亦会将技术优势逐渐辐射至整个系统，甚至为系统赢得政策上的扶持和倾斜，最终促进整个众创空间创业生态系统的演化。此外，众创空间创业生态系统共生符合传统的共生理论内涵，聚焦于共生系统中主体之间的互动行为，包括彼此影响、约束和促进，不仅刻画了理想情况下的互惠共生，而且展现了共生主体之间因利益驱动产生的寄生关系。寄生关系是自然生态系统共生演化过程中的常见现象。寄生模式在创业生态系统中的出现也是契合现实情境的，创业企业可能会为了节约成本等因素，无偿占用合作企业的资源，致使对方利益受到损害。例如，投资机构在资助初创企业运行过程中会受到因信息不对称所带来的代理冲突，从而制约了投资机构在促进创业活动中本应发挥的效用。因此，从利益属性和生态系统方面看，众创空间创业生态系统共生并不一定是有益的或者健康的，只有良性共生才是众创空间创业生态系统可持续发展所追求的方向。

（四）政策导向性

众创空间是国内"双创"事业的重要着力点和实施载体，它实际上是政策的产物，具有强烈的政策导向性。近几年国内所形成的众创空间大都是因政策利好而集中涌现的，各地政府为支持其发展，会提供奖励和补助、引导金融资本支持等"双创"政策，使得众创空间内的创业主体能够以较低的成本享受相对丰富的创新创业资源。政策的支持可以弥补自主创业中的市场失灵，从而有效提升个体参与创新创业的积极性。政策在本质上具有规范性的目的，经由该政策的主体要素进行安排，遵循政策的指引以实现特定地区的目的和价值。但是，政策支持效果不总是那么完美，有时可能导致激励扭曲，进而诱导利益相关者过度投资，催生策略性创业行为，甚至滋生"寻租补贴"现象。政策目的的达成，关键在于各地对众创空间政策的科学引导、有效鼓励、严格实施和全面监督，以及创业企业和利益相关者对政策精神的深刻认识和切实执行，同时也需要各个众创空间积极配合，共同营造创新创业氛围，积极培育优质企业。

第三节 众创空间创业生态系统共生机制的研究逻辑架构

一、 基于系统观的众创空间创业生态系统共生机制研究范式

基于系统观的研究范式以整体性、结构性和动态性为原则,是系统研究常用的管理理论和决策工具。根据系统观,系统就是要素的构成,要素之间存在着关系。对系统的认识是研究创新创业系统的核心。系统观最普遍的研究范式是基于"要素—关系—功能"分析一个系统的组成部分和作用。随着信息论、耗散理论、控制论等复杂科学理论的发展和应用,对系统的研究逐渐从普遍的基于系统静态的分析向着系统复杂性方向演化,复杂系统理论的发展对于系统论是极大的补充和进步,同时也改变了以往系统研究的范式。

人类社会生态系统产生的知识、数据、资源,本质上都是信息,信息论认为任何信息的产生都是主体之间互动的结果,没有这种相互作用,就无法产生信息。通过将信息论应用于系统论,学者指出系统中要素间的相互作用必然产生信息,信息会在系统中传输、处理和存储,并具有循环反馈性,这种反馈既可能是正反馈,也可能是负反馈,反馈会作用于系统要素,并再次通过传输、处理等过程投入系统,以此形成循环。同时,信息论先驱维纳(Wiener)在其所创设的作为一种解释系统运行的理论——控制论中指出,一切系统都具有系统调节、控制反馈、信息传递等基本功能。该理论可用于揭开自然系统和人类社会系统如何围绕"控制"这一核心机制来维持动态平衡。除此以外,控制论还指出,系统与外界的联系是通过外界投入的输入和系统产出的输出两种方式进行控制。

信息论和控制论都指出了系统内部及系统与外界存在互动,但对于这种互动的过程和作用却无法给予解释。协同论的提出使得针对系统的研究从静态向动态视角转变,协同论摒弃了对辨析系统要素和掌握系统特征准确度的关注,更强调研究系统内要素是如何通过彼此支撑而非争夺资源、共进共演而非相互制约,从而主导系统由无序向有序的方向发展。该理论对科学认识生态系统的动力机制具有重要的启示价值。

但是，系统并不总是按规则从无序走向有序，一个开放系统在演化过程中会受到外界不可控因素的影响，进入紊乱状态，同时系统会在对动荡的反应和自适应下出现突变、重组和跃迁现象，这就是耗散理论所提出的观点。诺贝尔奖获得者、比利时物理化学家普里戈金于1967年在其论文《结构、耗散和生命》(Structure, Disspation and Life)中正式提出"耗散系统"(dissipative systems)。耗散系统理论指出，假设要建立和保持一个典型的耗散结构，结构所在的开放系统必定是位于远离平衡的非线性区，并具有某些非线性动力学过程，使得系统内部出现一定形式上的涨落。该理论对研究复杂系统演化过程提供了重要的理论支撑。在上述一般系统理论及复杂系统理论的嵌入下，对于人类社会系统的研究，形成了具备循环反馈机制的系统"形成—处理—反馈"的复杂系统研究范式，同时该系统研究范式在社会科学领域，特别是复杂社会系统研究中得到了学者们的关注和广泛应用。

上述复杂系统的研究范式被学者应用于创新生态系统领域。吕鲲基于生态学和系统理论依照"形成—运行—演化"的研究框架对产业创新生态系统展开了探讨；张小燕在此基础上，考虑了对系统"输出"的考察，构建了基于系统"形成—运行—演化—评价"的理论模型，对区域创新生态系统共生性进行了充分探讨；王卓亦根据系统研究的范式，遵循系统"形成—运行—治理"的脉络研究了产业联盟创新生态系统。创业生态系统领域，宋姗姗对创业生态系统的形成和演化进行了研究。可以认为，基于系统观的复杂系统研究范式在创新创业生态系统领域得到了学者肯定，这些研究成果为本书研究框架的构建提供了许多有益的借鉴。

众创空间创业生态系统作为一个开放系统，具备普通系统所展现的特征，可以采用系统研究方式展开探讨。遵循系统的研究逻辑，根据基于系统观的研究范式来探索众创空间创业生态系统，有其合理性和适用性。在众创空间创业生态系统中，存在大量信息的传输、处理和反馈，创业企业会根据对异质性信息的需求，与不同类型企业、各类机构及地方政府形成共生关系。随着系统主体和内外部要素及环境的这种互动，鉴于系统所具备的复杂适应性和自组织演化性，系统整体在时间维度上呈现耗散结构特征，出现渐变、突变或跃迁等现象，促成了众创空间创业生态系统在一定时间范畴内的动态共生演化。此外，系统与外界的联系通过创业资源投入和创新成果产出等方式予以控制,系统内外部物质和资源环境会在一定程度上制约系统演化的状态和方向。

结合共生理论和系统论研究范式,对于众创空间创业生态系统共生机制的研究需从动、静两个角度着手:一方面,需要探讨动态层面上基于协同论和耗散结构理论的共生单元间的关系互动及共生系统动态演化;另一方面,要辨析静态层面基于信息论和控制论的共生系统保障措施,从而形成适用于本书开展的、相对完善的众创空间创业生态系统"形成—演化—保障"的系统研究框架。

二、 众创空间创业生态系统共生机制的内涵

"机制"原指机器中的结构和运作原理,在生态学中被用来比喻当机体发生变化时各种群结构之间的变化、联系和协调方式,再之后"机制"被学者们应用到社会科学领域,用于形容系统中各要素间的相互关联、作用方式和演化形式。众创空间创业生态系统共生机制是指不同子机制之间相互配合、组合及作用的过程和形式,其并非特指某一种机制。共生是一种现象,涵盖了生物体在共生过程中的一系列互动机制。众创空间创业生态系统共生机制的研究是为了挖掘系统内主体共生的方式,更关键的是通过机制的实现促进国内众创空间创业生态系统互惠共生发展。本书基于现有关于共生机制、创业生态系统与众创空间相关理论和内涵等分析,认为众创空间创业生态系统共生机制是在政府政策的保障下,以微观视角下创业企业和利益相关者所形成的平衡稳定的共生关系为基础,通过中观层面创业个体聚集所形成的共生种群推动系统向互惠共生方向演化的过程、路径和方式。该机制涵盖了众创空间创业生态系统共生主体间及共生主体与共生环境的相互作用,同时也包括实现众创空间创业生态系统共生的策略方案。对于众创空间创业生态系统共生机制的剖析和探讨,有助于探究创业企业和利益相关者之间的互动过程,以便更高效地进行共生主体间的资源配置,更好地维系共生主体间的良性共生关系;有助于挖掘系统演化路径,识别系统演化过程中的关键因素;有助于更好地发挥"双创"政策促进众创空间创业生态系统共生应有之效果。

三、 众创空间创业生态系统共生机制的构成

根据上述分析,依据众创空间创业生态系统"形成—演化—保障"的研究逻辑,众创空间创业生态系统共生机制的构成如图3-7,共生机制的研究主要包括共生的关系形成机制、种群演化机制和政策保障机制,具体分析如下。

(一) 关系形成机制

共生关系的形成是共生机制研究的首要环节,选择理想的共生伙伴是形成共生关系的核心,是保证共生关系长久延续的前提。除创业企业外,共生关系的构成还包括创业项目的参与机构(有的直接参与项目,有的间接参与项目)。与创业过程直接相关的包括创业投资方、高校、中介机构、知识产权中心等;不直接参与项目但能给创业者提供帮助的包括众创空间内其他企业、提供办公空间的地产商、媒体平台等,这些统称为创业企业的利益相关者。伙伴选择是建立共生关系的重要决策,众创空间中创业企业共生伙伴的选择一般遵循以下几点原则:

(1)收益最大化与风险最小化原则。创业企业具有高风险的特征,因此在选择共生伙伴时会以降低创业成本、提高创业绩效为目标,这也是共生关系形成的动因。此外,利益相关者在选择创业企业时需要尽可能地提高资源利用率,以实现创新创业人才、关键技术和创业资源的共享。

(2)创业能力与资源互补原则。现实中,许多众创空间的创业资源被浪费,因此需要合理匹配创业企业与利益相关者所拥有的资源和所具备的能力。只有稀缺性资源与能力能够相互补充,才能形成更加稳定和密切的伙伴关系,并最终实现"双创"资源的有效集聚,形成互惠共生的局面。

(3)兼容性与一致性原则。众创空间创业生态系统内企业、大学和科研院所等均是不同类型的共生主体,它们具有属性各异的利益目标和文化特性。若价值观和利益目标不匹配,会导致各参与方之间出现猜忌行为和矛盾冲突,使众创空间中的合作关系名存实亡。共生伙伴间匹配度越高,协同程度就越深,创业成功的可能性就越大。

根据协同论的理论基质,复杂系统中处于关键生态位的主体可能会因为过于关注自身利益需求,而忽略其他利益相关者和生态系统的整体发展,

这是生态系统难以良性共生演化的根源所在。只有生态系统中各自独立的共生单元形成合力,才能对生态治理产生积极影响。众创空间创业生态系统内的共生主体之间并不总是互惠共生的关系,不同主体根据自身资源所需、利益驱动等可能会选择不同的共生行为,如何在选择共生伙伴之后平衡彼此间的关系,是共生关系形成中的第二个研究内容。影响主体间共生关系稳定的因素有很多,包括主体行为意愿、收益分配、政府监管的介入等,需要进一步就各因素对众创空间创业生态系统共生关系平衡的影响展开研究。

（二）种群演化机制

根据创业生态系统自组织演化性特征,能够探索众创空间创业生态系统内种群之间各种可能的互相关联耦合的维度,从而寻求众创空间创业生态系统共生演化的路径。关于共生模式的研究,根据角度的不同可以划分为两类:一是从行为模式或利益分配的角度,可以将种群共生模式划分为寄生、偏利共生、非对称互惠共生和对称互惠共生。二是从组织程度上划分,包括点共生、间歇共生、连续共生和一体化共生。鉴于本书的研究背景、研究问题和理论基础,笔者主要以众创空间创业生态系统内的主体为研究对象,更关注主体行为对共生的影响,并且利益相关者理论也更适配于从利益分配角度进行共生模式划分,故本书的后续种群演化研究中将共生模式划分为寄生、偏利共生、非对称互惠共生和对称互惠共生展开探讨。其中,寄生关系中的资源流动是通过"寄主"单方面供给"寄生者",其间不会产生新的能量;偏利共生常见于寄生和非对称互惠共生模式之间,该模式种群之间存在信息的交流或资源的转换,会产生新知识能量,但最终被其中一方全部获取;非对称互惠共生往往是共生主体向往的模式,不同主体之间不仅会互相交流共享信息,产生新知识能量,而且新产生的能量会按某种非对称机制进行分配;对称互惠共生是一种理想化的共生模式,不仅存在双向的信息交流互动,会产生新知识能量,而且新能量会按对称机制进行分配,是共生模式的最高境界。

（三）政策保障机制

众创空间创业生态系统共生的利益导向性决定了系统内的主体会受到正向激励的促进,同时也会出于对利益的盲目追求做出损人或利己行为。

国内学者雷光勇在其解决财务报告舞弊的研究中指出,共生治理是指为使系统向互惠共生方向演化,采用一定手段破坏其现有的协同共生机理的过程。关于治理问题的研究聚焦于治理策略的探讨,包括治理主体所需设定的市场把控规则、激励制度和约束手段等实现既定目标的方式。例如,通过契约机制明确和规范创业企业的责任和义务,韩少杰等通过选取典型案例探讨了孵化器与新创企业之间基于契约的治理机制,并指出对不同类型新创企业应采取差异化治理;通过承诺机制的定制吸引利益相关者,刘继才等就基于不同决策主体特点进行不同程度的承诺升级研究;等等。

目前的研究存在缺乏引入政府角色的问题,如何利用政策保障来提升众创空间创业生态系统的治理水平,是一个值得深入探讨的课题。有学者指出,创业政策对于优化创业生态系统具有重要的推动作用,是认识创业生态系统的有益视角。有必要充分运用现有"双创"政策工具,建立支持众创空间创业生态系统共生发展的保障机制。众创空间创业生态系统自身所具备的时代特性和政策导向性,使得创业主体和利益相关者的共生关系受到制度的引导与激励。这些政策制度所发挥的作用便是共生体系的保障机制。关于众创空间创业生态系统的治理,可以通过两个方面来实行。一方面是提供创业机会、营造良好创业环境的正向激励;另一方面是对系统内损害他人利益行为的负向激励。能够同时实施这两方面治理的最直接主体是以地方政府和园区管委会为主导的政府部门,因此众创空间创业生态系统共生保障需要在政府政策的制定和实施中完成。根据徐示波的研究,众创空间创业生态系统政策可根据政府介入程度分为4种类型:不加干涉型政策、部分介入型政策、策略干涉型政策、政府牵头型政策。不加干涉型政策主要表现为通过降低管制力度、减少政府垄断降低众创空间入驻障碍,提升创业企业孵化机会;部分介入型政策表现为通过完善有关创新创业的公共服务体系、给予人才培养和人才保障机制,为"双创"活动提供便利;策略干涉型政策是政府治理常用的政策工具,包括所得税优惠、设立创业扶持资金等手段,这类政策既能直接影响创业项目的落地和绩效情况,也能影响创业企业在技术和创新产品上的投入意愿;政府牵头型政策主要是通过政府采购、组织大型创业论坛、开展国际交流等方式提供创业机会。

众创空间创业生态系统共生不是由单一机制决定的,而是由不同的子机制与它们之间的互动作用关系共同决定的。例如,共生伙伴选择的效果会影响后续共生关系的稳定性;共生关系的平衡会影响种群共生模式的种类;众创空间创业生态系统不同的演化模式会推动政策的改进;政府保障众创空间创业生态系统良性共生的政策机制伴随着整个系统的发展进程,同时对共生关系的形成和演化产生影响。

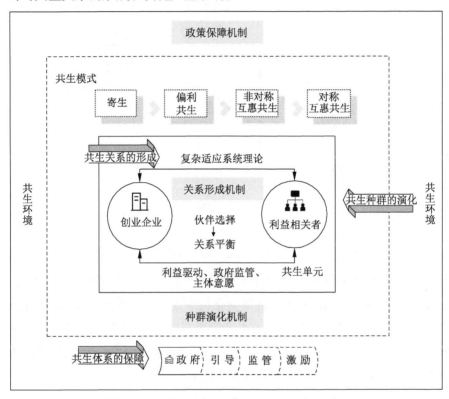

图 3-7 众创空间创业生态系统共生机制的构成

四、众创空间创业生态系统共生机制的研究逻辑

众创空间创业生态系统共生机制的研究逻辑如图 3-8 所示,众创空间创业生态系统共生的伙伴选择机制是从国内众创空间"有店无客"这一现实问题出发,以系统复杂适应特征和利益驱动性特征为基础,按照从共生伙伴"怎么选"到共生关系"如何维系"这一脉络对创业企业和利益相关者两大主体如何选择共生伙伴和如何平衡共生关系展开研究,这也是系统共生机

制研究中的第一步,即共生关系的形成。

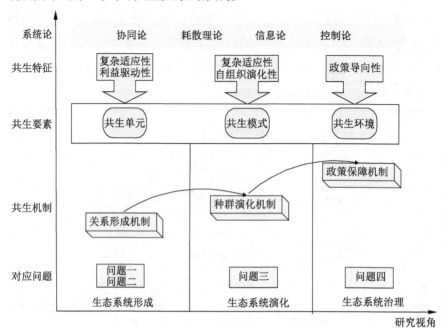

图3-8　众创空间创业生态系统共生机制的研究逻辑

　　从利益属性来看,创业生态系统种群之间的共生模式未必都是良性的。众创空间创业生态系统共生的种群演化机制是从生态视角出发,以系统自组织演化特性为研究基础,探讨在共生关系形成之后,作为复杂适应性系统的众创空间种群的共生演化路径是怎样的,共生模式是如何从较低级别转变为较高级别,从独立共存、自利行为转变为互惠共生。

　　良性共生的众创空间创业生态系统离不开政策的保障。众创空间创业生态系统共生的政策保障机制,是为确保政策的有效性、避免政府资源的浪费,以及维护主体间利益的合理分配而构建的共生保障途径。研究者需从政策导向性特征出发,对众创空间创业生态系统共生的政策进行评价并构建保障机制。

　　由这3个子机制串联起来的众创空间创业生态系统共生机制,是根据创业生态系统共生原理设计的具有规范性、引导性,并兼顾可持续性的制度安排,是从众创空间创业生态系统共生的内涵、特征、共生模式入手而设计的管理方法。3个机制的设计及机制之间具有较高的逻辑性,主要体现在以下 4 个方面:第一,机制设计是围绕众创空间创业生态系统的共生特征展开的研究,具有坚实的理论依据;第二,从机制内容来看,3 个机制的研究主体分别聚焦于共生单元、共生模式和共生环境这三大共生要素;第三,从机制脉络来看,通过"形成—演化—保障"这样由小到大、从局部到整体的研究逻辑,构成了一整套可供研究开展的共生机制研究框架;第四,从解决问题的角度来看,研究者需以研究背景中的科学问题为导向,以缓解国内众创空间的现实困境为目标。

本书以系统论研究范式为指导,根据对众创空间创业生态系统共生机制结构的分析,基于众创空间创业生态系统共生的复杂适应性、自组织演化性、利益驱动性和政策导向性,同时以众创空间创业生态系统共生的生物学演进脉络为依据,结合众创空间亟待解决的现实问题,主要从众创空间创业生态系统共生的形成、演化、保障这 3 个方面,设计以共生关系形成机制、共生种群演化机制和共生政策保障机制为内容的众创空间创业生态系统共生机制研究,以期为促进众创空间创业生态系统的良性共生发展提供助力。

第四章

众创空间创业生态系统
共生关系形成机制

共生关系的形成是系统向互利共生方向演化的前提。众创空间创业生态系统中主体如何选择共生伙伴及如何维系伙伴关系,形成良性共生关系,是本章研究的重点。一方面,笔者以复杂适应系统理论为基础,构建了包括从微观视角出发的创业企业共生伙伴选择的刺激—反应模型及从宏观视角出发的创业企业与利益相关者共生伙伴互选的回声模型,并在这两个模型的基础上构建了众创空间创业生态系统共生的伙伴选择模型;另一方面,笔者基于理性经济人假设和演化博弈方法,构建了包含创业企业、利益相关者和政府3个主体的演化博弈模型,并通过模型分析与仿真,探讨了主体共生意愿、政府监管力度和收益分配比例对众创空间创业生态系统共生关系平衡的影响。最终,笔者根据共生关系选择阶段和平衡阶段的研究结果,构建了众创空间创业生态系统共生关系形成机制。

第一节　共生关系形成的动机分析

当前,创业环境的复杂性促使创业企业更多地与众创空间创业生态系统中的利益相关者建立长久的连续共生关系,从而更好地发挥系统资源优势和政策引导效应,提升创业绩效和众创空间品牌溢出效应。各主体为满足自身需求,通过选择共生伙伴和平衡共生关系形成稳定的共生关系。结合第三章的分析与实际现象,共生关系形成的动机包括以下3个方面。

一、资源获取

由资源基础观可知,资源的合理配置能力是创业企业机会挖掘、价值共创和实现创新产出的关键因素,亦是驱动行为主体产生创业动机的主导因素。创业企业无论是在起步、发展还是转型过程中,若缺乏利益相关者服务资源的支撑,就容易陷入发展困境甚至出现生存危机。与此同时,资源缺口能够驱动企业利用主动寻求伙伴关系从而参与与市场和竞争策略相关联的探索,进而感知并挖掘在信息不对称的动荡创业环境中浮现的创业商机,并做出适应性反应。

众创空间创业生态系统是一个由众多初创企业、孵化机构、金融机构等构成,主体之间存在多种创新和交易行为的平台,该平台强调资源在空间内的交流、扩散、共享,以及在企业之间形成互补效应。创业企业与利益相关者之间通过知识和技术等资源的交流互动可以实现行业集聚。对于众创空间而言,创业企业通过丰富自身所需的资源,吸引互补性企业形成共生关系,能够促进众创空间的成长规模;而互补性企业通过共生关系中的合作和交流亦可以弥补自身资源缺口,进而更好地识别创业机会。

知识、技术等无形资源的不可再生性决定了其对于企业所具有的经济价值和竞争价值,而创新创业活动对于资源的需求更是多种多样的。创业企业受限于成本预算、经营规模、地理区位、技术壁垒、信息不对称等因素,不可能占有开展创业项目所需的全部资源。网络可以为创业企业提供发展所需的技术、资金和机会等。从由金融机构、投资机构、中介机构等利益相关者组成的正式网络中,企业可以获得技术专利、投融资资金、设备场地和人才培训等专业知识和经营性资源;从基于情感或兴趣等形成的非正式网络中,创业企业可以获取情感支持、启动资金,以及经验、价值习惯、行业准入规则和空间文化等默会性资源。无论是出于对哪一类资源的获取,都需要企业积极与资源互补性利益相关者建立共生关系,或者寄希望于众创空间作为资源交流平台提供匹配的企业。

创业企业建立社会网络是出于对创业项目实施过程中互补性资源的积累,而社会学领域的相关研究也证明了中国情境下的网络"关系"是创业企业获取资源的主要方式。因此,创新创业资源作为众创空间创业生态系统得以良性运作的核心资源要素,也是众创空间创业生态系统内主体建立共生关系的动机之一。有学者指出,因对异质性资源的依赖而形成共生关系也是企业间伙伴选择的主要驱动。只有通过与掌握所需资源的企业建立连续共生甚至一体化共生关系,形成资源互补,进行资源的叠加和创新组合,才能在众创空间创业生态系统中扩大共生超额收益,抢占行业内先机并形成竞争优势,保持领先地位,最终以领军企业的身份带动系统共生演化。

二、 风险规避

创业风险是指由于市场动荡、政策变化、行业趋势等创业环境的不确定性与复杂程度,导致创业企业与利益相关者在创业过程与产出方面出现偏离预期目标的可能性。随着 5G、人工智能、物联网和大数据等新兴技术带来的日趋复杂的市场环境,以及新冠疫情这类不可抗力因素,使得创业活动面临着更高、更不确定的风险。具体而言,创业过程可能面临的风险包括资金风险、市场风险、法律风险等。例如,因缺乏专项资金合理的预算和使用能力而导致的财务风险,因缺乏对不同创业组织形式所需承担责任的了解产生的法律风险,都会致使创业项目陷入危机。因此,需要通过与众创空间创业生态系统内的孵化企业、中介机构等利益相关者建立共生关系,获取必要的专利交易、知识产权贯标、信息安全、法务咨询等配套服务。此外,在高信息不对称的创业环境中,由于创业风险所导致的创业亏损乃至破产,会给创业者带来资金、行业声誉和人脉关系上的重大损失,为应对可能出现的这类后果,创业企业具有寻求投融资机构这类共生伙伴以分散自身风险的动机。

创业企业在创业过程中所承受的风险,可以通过与利益相关者共同分担来降低可能出现的损失,并且共生关系的形成对于企业风险规避是双向的:利益相关者提供多样化、异质性和有针对性的增值服务,能够有效地提升知识流动,从而促进创业企业孵化的效率,降低其资金风险;对于利益相关者而言,科学、适配地选择创业企业形成共生关系,也能够从源头上把控自身孵化资金的风险,进而实现预期利润。

创业企业是众创空间创业生态系统的核心主体,实践证明,高失败率是创业活动的结果特征之一。根据全球观察报告数据,我国新创企业死亡率高达95%,创业过程中能否降低外部动态环境带来的风险,合理高效地应对不确定因素,成为创业者和研究者关注的重点,同时也是驱动创业企业选择共生伙伴的动力之一。此外,创业企业和利益相关者在合作过程中也可能产生类似机会主义行为的利益冲突风险,需要通过建立合理、适配、稳定的共生关系,分摊机会成本和沉没成本,使边际效益最大化,减少和降低创业环境中的不确定因素和风险系数,以达到分摊风险、降低损失、提高科技成果转化率的目标。综上，抵御风险的需求成为共生关系形成的动机之一。

三、降低成本

　　创业成本不仅出现在创业活动的起步阶段，还贯穿了整个创业初期和企业发展阶段，包括创业选择阶段创业者的生活成本，创业构想阶段的筹融资成本、场地租赁成本等，创业成长阶段的研发成本、知识产权保护成本、人员招募成本、运营成本和营销成本等，甚至还有在企业衰退期可能需要面临的失败成本。众创空间的主打特色是低成本、开放式和全要素的综合型创业生态系统，可以认为对降低成本的渴求，是大部分初创企业选择入驻众创空间的动机之一。然而，由于众创空间中的入驻企业和服务人员流动性较大，企业每次寻找、交流和建立合作关系都需要付出一定的时间成本。相较而言，建立长久、稳定的共生关系才是节省成本的最佳选择。因此，对降低成本的需求会驱动企业建立共生关系。

　　此外，通过建立共生关系，签订明确的契约、合同等形式，还能够有效抑制创业活动中可能出现的机会主义行为，从而降低交易成本。随着时间的推移，存在紧密长久共生关系的企业之间会有更深的了解与默契，更熟悉彼此的交易偏好、形式和产品需求等，更容易沟通和合作，从而降低后续创业活动中的不确定性，进而降低交易成本。与一般企业不同，品牌资本对于创业企业，尤其是新创企业建立良好的声誉机制有很大作用。我们在实地调研中发现，初创企业更愿意选择与百度、华为、阿里巴巴这类具有一定品牌效应的企业形成共生关系，并且此类共生关系亦会成为企业日后选择与其他企业合作的经验资本之一，因此通过与行业龙头企业建立共生关系，还可以在一定程度上降低自身所需额外花费的营销成本。

　　在众创空间创业生态系统内部，技术、服务、创新产品的诞生、转化和转移都伴随着因制度规则和契约关系约束所产生的资金成本、知识成本、人力成本的流动。通过共生伙伴之间所建立的稳定健康的共生关系，创业企业和利益相关者之间的互信程度和契约约束范围会提高，创业项目开展的效率也会提高。降低运营成本、监督成本、维护成本甚至后期宣传成本的需求，都会驱动企业积极寻求共生关系。

第二节　众创空间创业生态系统共生伙伴选择过程分析

　　根据前文的研究,出于对"双创"资源的获取、规避风险的渴望及实现降低成本的目的,企业会进行共生伙伴选择。然而如何综合考量创业主体共生伙伴选择的动机,并根据不同功能和定位来选择创业资源、文化、模式相匹配的共生伙伴,尚需要进一步展开探讨。与组织合作及联盟关系中的伙伴选择相似,共生伙伴的选择不仅是共生关系形成的关键环节,同时也是企业的重要战略决策。为深入剖析共生主体伙伴选择间的一系列复杂关联,更全面地探究众创空间创业生态系统共生伙伴选择过程,有必要引入系统理论展开研究。目前,对于系统的研究主要采用以下两种方法:第一种方法假定系统通常是处于或接近平衡状态,关注独立参数的稳定性及个体的构成,然而这种方法忽略了对系统要素动态关系及非线性联结的衡量。第二种方法被广泛应用于生态学、化学、社会学及管理学等学科,该方法认为存在一类系统运行处于非平衡状态,并将这类系统统称为复杂适应系统,此类系统不能运用常规的系统理论来解释。该理论认为,在一个复杂适应系统中,其宏观运行状态往往通过微观层面上系统各要素相互间的作用形成,能够为研究众创空间创业生态系统伙伴选择过程提供理论支撑。

　　因此,本章着重剖析众创空间创业生态系统中创业企业与利益相关者及其与创业环境所产生的交互作用,并从宏观和微观两种视角构建可用来分析众创空间创业生态系统共生伙伴选择的模型,为创业领域宏观与微观层面上的研究搭建桥梁,弥补众创空间创业生态系统共生伙伴选择研究的不足。

一、基于复杂适应系统理论的研究前提

(一)复杂适应系统特征

　　该部分研究的展开首先需要证实众创空间创业生态系统能否被概念化为一种复杂适应系统,这也是后续研究得以展开的必要前提。尽管不同系统在结构、规模及主体方面存在差异,但复杂适应系统通常具有以下6点共

性，下文将结合众创空间创业生态系统共生特性逐一进行阐述。

1. 自组织性（self-organization）

任意一个复杂系统均由若干子系统构成，每个子系统又是由若干单元组成，系统的演变与进化是差异的协同，是涨落、组织和协调的结果。创业生态系统的共生过程并非由一个统一的管理者、单一的创业企业或者组织所掌控。创业生态系统共生演化中所涌现出的秩序是通过各个主体之间不协调的、半自发的行为活动互动所形成的，这种秩序不受某个特定的系统"控制者"的影响，演化经济学上将其称为"自发秩序（spontaneous order）"。众创空间创业生态系统是由创业企业与利益相关者微观互动，从而聚集在一起构成的一个复杂系统。当系统中的某个企业或联盟试图过度控制众创空间时，反而会破坏系统的凝聚力及其可能发挥的作用。

2. 开放有界性（open-but-distinct boundaries）

众创空间创业生态系统的边界主要体现在地理和社会文化方面。一方面，创业生态系统具有很强的地区根植性，每个区域凭借自身独特的环境和资源优势来塑造各具特色的众创空间创业生态系统。另一方面，创业活动嵌入社会关系的网络，社会文化特征在某种程度上限制了众创空间创业生态系统的边界，系统主体间对于价值习惯等默会知识和类似创业准入规则等显性规章的认可度越高，越能影响其意愿及彼此间的凝聚力，并最终影响主体进入创业生态系统的资格。例如，科罗拉多州的博尔德创业生态系统有效地利用了其社会文化边界的功能，有学者发现博尔德成功的关键要素在于系统内主体具有强烈的协作意识，并对隐含的行业规则存在高度共识，例如对"给予优于索取（Giving Before You Get）"这一系统文化的统一认可，不具有同类价值观的主体往往会被博尔德的社会文化边界"拒之门外"。

3. 要素复杂性（complex components）

众创空间创业生态系统构成要素的复杂性主要体现在两个方面：系统构成要素的多样性及要素互动的复杂性。众创空间主体通常包括创业企业、投资机构、学研机构与其他资源提供者，这些主体在属性、与外部环境的交互关系及主体间的关系上均具有多样性。除了创业生态系统构成要素的多样性外，另一个复杂性体现在要素的运行上，要素运行层级包括个体层次、组织层次及半组织层次，这些层级通过跨层次的活动与复杂系统相结合。众创空间创业生态系统具有明显的复杂性特征,其中不仅包括各类扶持机构,还包括扶持机构联合形成的孵化器,以及孵化器相互嵌套形成的较高级别的创新中心、创业园、孵化平台等组织,各类共生主体通过跨层级的交流形成互动关系,具备要素和运行层级的复杂性。

4. 非线性(nonlinear dynamics)

线性关系表示变量之间的函数呈直线形式,变量间的变化率是一个恒量,而非线性则不然。众创空间创业生态系统展现出的复杂适应系统的另一个特征是创业生态系统构成要素之间的互动关系所产生的非线性动态特征或反馈回路。实际上,正是由于大规模的、非线性的交互作用使得众创空间创业生态系统呈现出复杂性,系统的不均衡性致使较少的投入或力量也可能产生较大的影响,看似不起眼的新事物的出现也可能影响整个系统的演化方向。良性反馈循环是一种系统自我催化的结果,代表了系统成长和内部激励的能力,系统内的良性循环能强化系统的运行状态。例如,众创空间创业生态系统内的创业企业数量通常与投资企业数量的增长、交易流的增长有关。同时,投资机构数量的增加、资本量的增加也会吸引更多创业企业,并进而吸引更多投资。因此,就系统层面而言,初创企业与投资机构的数量之间存在一种良性循环。

5. 适应性(adaptability)

通过彼此间的交互作用,众创空间创业生态系统内主体活动会对系统持续产生调节作用,从而塑造了系统对内外刺激的反馈功能,使系统得以适应新的状况和改变。特别地,当系统内的创业企业、资源提供者、政策制定者及其他主体对刺激和注入系统的资源做出反馈时,与主体相关联的创业网络也能够自行做出改变和演化。这些变化表现为众创空间创业生态系统的层级提升,并在系统内创建能够适应环境变化的方式。因此,系统层级的适应性源于更低层级的行为,而由这些主体构成的系统本身也会受到系统层级改变的影响。层级间的渗透及它们之间的结果反馈在主体间建立了非线性关系。例如,创业生态系统中的创业导师能够提升系统创业网络的密度,拓展创业者与创业生态系统内外资源提供者之间的联系,并通过这种方式加大创业企业的活动范围,从而增强他们的适应性,进而影响系统整体的演化进程。

6. 路径依赖性(sensitivity to history)

普里戈金曾经指出,许多系统在其发展过程中都存在"时间箭头",即时间的不可逆性,这对于理解系统发展过程的复杂性及系统是如何演变成现状的具有重要意义。系统发展进程是不可逆的,因此历史事件的起源及系统中企业在关键节点所做的决定十分关键。由于对先前环境的"锁定效应",众创空间创业生态系统在聚焦了某种类型的企业或某种技术之后,很难改变其轨迹去关注另一种完全不同类型的企业。因此,众创空间在运营之前应明确自身定位和行业特色。就一个组织而言,历史选择为众创空间创业生态系统的建立提供了基础,因而也是其身份、声誉和文化的一个重要象征。但是,历史也可能对众创空间未来的关注点和适应性形成制约。例如,国内著名的众创空间孔雀机构,在成立的头两年发展迅猛,入驻率达90%,创始人和团队的过度自信让他们在初期选择不与政府合作,最终导致在 2016 年出现"过剩"危机之后,加之 100 万元政策奖励的发放延迟,致使创始人资金链断裂,孔雀机构最终破产倒闭。

综上,众创空间创业生态系统是一个在经济、政策、文化等环境因素影响下,通过多重聚合层级上创业企业及利益相关者等要素非线性交互作用形成的进行创新创业活动的复杂适应系统。接下来,本书将根据这一定义,同时基于复杂适应系统理论和生态系统理论对众创空间创业生态系统共生的伙伴选择机制进行探讨。

(二) 基于复杂适应系统理论的主体互动模式

复杂性科学的先驱者之一霍兰提出了 3 个用于分析复杂适应系统中主体互动过程的方式:标识(tagging)、内部模型(internal models)和积木(building block)。标识可以提供具有协调性和选择性的聚集体,代表的是主体区别于其他共生主体所具备的特征,在一段共生关系选择中,标识体现了创业企业和利益相关者各自相较于其他企业所具备的优势或能力,如创业企业所具备的团队管理能力、企业创新氛围、技术优势等标识,扶持机构所具备的培训提供能力、融资能力、活动筹办能力等。建立良好的标识,可以为伙伴选择过程中的筛选、特化和合作提供有章可循的基础。

内部模型可以简单地理解为"实现预知的机制",是主体所具备的行为方式和准则,也是创业企业和利益相关者选择共生关系的交流和互动方式。

一个有效的内部模型机制,应当能够通过行为方式和准则对未来可能产生的结果进行有效预知。如当创业企业与利益相关者签订契约形成伙伴关系时,企业需要对未来所需履行的义务和可能产生的结果具备一定的预知。有效的内部模型可以提升共生效率,规避合作中可能出现的不确定性因素。

通常来说,只有当企业所遇到的情形反复出现时,内部模型才能一直保持其有效性。积木机制正是用于解释这一悖论,积木机制是通过改进或重新组合,改变原先的内部模型机制,从而形成更具适应性的新的互动关系。积木机制的基础是主体能够构建"粗积木",例如,一个创业企业本身应具备所处行业的基本商业活动能力,能够满足顾客或合作方的基础需求。而后,主体需要对"粗积木"加工,即与利益相关者进行资源交流和知识共享。加工行为可能产生具有创新的新积木块。最后,主体通过将新旧积木块进行创新性的重组和重建,形成新的具有更适合彼此发展的内部模型的共生关系。

二、 基于生态位的伙伴选择标识体系构建

根据生态系统理论,众创空间创业生态系统中的创业主体均具有自身的生态位,生态位描绘了创业主体在共生环境中所处的地位和所具备的功能等。生态位包括两个属性,一个是"态"属性,用于表示创业主体通过自身成长过程及与其他主体和环境互动所累积的资源,描述的是创业主体的成长状态;另一个是"势"属性,用于表示创业主体对所处环境的适应、影响和支配等能力,描述的是创业主体的发展潜力和趋势。生态位重叠度是对目标共生伙伴与创业主体自身资源互补程度和兼容程度的刻画,彼此之间资源、企业文化等互补程度和兼容程度越高,说明二者在生态位上具有较高的异质性,即生态位重叠度较小,能更好地实现资源的交流和创新行为的产生。笔者根据生态系统态势理论和生态位重叠度构建众创空间创业生态系统共生伙伴选择中的标识体系,如图4-1所示。

(一) 创业企业"态""势"标识

对于创业企业伙伴选择的"态"标识的选取主要依照以下两个方面:一是企业过往绩效,参考 Chrisman 等、田毕飞和丁巧等关于创业绩效的研究,主要包括财务绩效、生存绩效和创新绩效等方面。其中,财务绩效采用主营

业务收入来衡量;生存绩效是衡量创业绩效的基础性指标,一般以新创企业成立时间为评价标准;创新绩效采用企业所拥有的知识产权数和新产品比重表示。二是创业企业享受财政资金支持额的衡量,该标识能够代表在"双创"环境下,创业主体与政策的契合度,契合度高的创业企业往往能够在系统中占有更丰富的资源。

对于创业企业"势"标识的选取主要从企业特质、环境适应力和资源利用力等角度考察,这也是影响创业企业成长的主要因素。具体而言,企业特质标识主要包括创业团队凝聚力、创业企业文化、创业团队创新能力,团队凝聚力高,更倾向于尊重、包容和积极进取的企业文化,以及更强的创新力,创业企业对未来市场交易环境的支配能力会更高;环境适应力标识主要包括对政策、市场、技术变化的适应能力,主要反映企业积极迎合政策的变化但又不通过"跑"政策行为攫取政策资源的能力,以及通过快速反应应对市场环境变化和技术更新迭代的能力;资源利用力标识主要包括创业拼凑和资源整合能力,创业拼凑反映了企业对"手边"资源要素的利用能力,资源整合能力可以反映企业未来突破可能出现的资源约束困境的能力。

(二)利益相关者"态""势"标识

对于利益相关者"态"标识的选取,需要考虑利益相关者自身过往绩效与其对创业企业的扶持情况,可从企业绩效、资源拥有情况以及对系统环境熟悉程度等方面衡量。衡量标准包括企业品牌资产、企业规模、投资创业项目数量、技术经费支出和入驻时间 5 个指标。其中,对于初创企业而言,品牌资产和企业规模是比较重要的目标标识,选择与品牌知名度高且企业规模较大的利益相关者建立伙伴关系,更有利于提升自身声誉;投资创业项目数量和技术经费支出能够体现利益相关者过往的投资经验和能力;入驻时间则反映了该企业对众创空间及与系统相关联的政府和其他机构的熟悉程度,一般来说,入驻时间越久,越能够熟悉、高效地整合系统资源。

对于"势"标识的选取可从风险应对能力、成果推广能力和冲突避免能力3 个方面衡量。风险应对能力指由于众创空间创业生态系统中合作伙伴多为初创型企业,会面临较高的孵化风险,风险规避、转化和共担能力会影响创业企业伙伴选择的倾向。成果推广能力包括成果转化能力和产学研协同能力,指根据具体的创业项目需求把研究成果推向市场,将更多的研究成果概念转化为产品的能力,以及与学研机构合作实现产品升级换代的能力。由于创业企业与利益相关者在建立伙伴关系之后可能出现不同类型团队的融合,会因为价值观和利益分配问题、合作中产生的能力和现实差异等原因而产生冲突,为避免伙伴关系恶化甚至出现"分手"现象,需要对冲突避免能力进行考察,包括信息共享能力、利益分配合理性、协作沟通能力。信息共享能力高、利益分配更合理、协作沟通能力更强的企业之间产生冲突的可能性更低。

（三）生态位重叠度标识

生态位重叠度的衡量从主体之间标识的互补程度和兼容程度两个方面展开,用于描述共生伙伴标识的匹配度。根据 Morrison 在伙伴选择研究中提出的准则,创业主体与目标企业之间标识的互补性可以从技术互补性、相互依赖性和战略互补性 3 个角度衡量。张小燕在创新生态系统共生性研究中通过技术水平、资源占有、市场特征和社会关系 4 个方面衡量主体间互补性水平。结合众创空间创业生态系统特征和前人研究,本书从创业资源互补性、技术平台互补性、社会关系互补性和市场需求互补性 4 个方面衡量伙伴关系的互补程度。在兼容程度方面,王卓在产业联盟共生伙伴选择中指出,伙伴兼容程度与共生任务、学习、利益及共生风险有关;杨剑钊认为能力、规模和环境会影响共生伙伴选择的兼容性。结合前人的研究和众创空间创业生态系统中创业主体特征,本书通过企业文化兼容度、共生目标兼容度、共生利益兼容度 3 个角度刻画伙伴选择主体间的兼容程度。

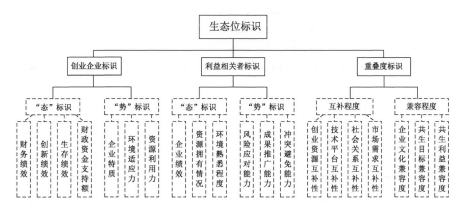

图 4-1　众创空间创业生态系统共生伙伴选择的标识体系

三、 众创空间创业生态系统共生伙伴选择模型

众创空间创业生态系统由创业企业、中介机构、科研院校、投融资机构等主体构成。其中,创业企业是系统良性循环发展的核心,会根据外部刺激不断自我调整以适应动态变化的环境,并通过选择与其他利益相关者建立共生伙伴关系促进自身和系统发展。本小节在前文复杂适应理论分析的基础上,将研究分为创业企业个体共生伙伴选择研究和创业企业与利益相关者交互选择研究,从微观角度基于刺激—反应模型描述创业企业个体行为模型,从宏观角度基于回声模型构建众创空间创业生态系统主体交互选择模型。基于复杂适应系统理论的众创空间创业生态系统的共生伙伴选择研究框架如图 4-2 所示。

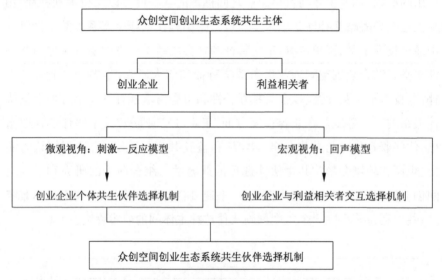

图 4-2 基于复杂适应系统理论的众创空间创业生态系统的共生伙伴选择研究框架

(一)共生伙伴选择的主体执行模型

复杂适应系统理论认为,共生主体能够根据一定的规则对共生环境的刺激做出相应反应,并可通过这个途径与共生环境在共生界面上持续相互作用。刺激—反应模型是复杂适应系统理论里用于描述企业主体自适应行为的基础模型。已有学者运用刺激—反应模型研究复杂系统内主体之间的交互选择关系:黄春萍等通过构建新创企业品牌联合企业主体执行的基本

模型,探讨了品牌联合系统中的伙伴选择机制;慕静等构建了个体行为的刺激—反应模型,指出影响智慧物流企业发展创新的因素和创新规则,揭示了智慧物流企业个体的创新行为。刺激—反应模型的构建主要包括以下3个部分:

1. 构建主体执行系统

以系统论的"输入—处理—输出"为依据,刺激—反应模型的执行系统包括3个部分:一个探测器,一个效应器,以及一组 If/Then 规则。探测器具备从外部环境刺激中提取信息的能力,属于对信息收集和整理的环节;If/Then 规则表示:If 企业受到某种刺激,Then 产生相应的反应,这一系列规则表示主体处理信息的依据和经验;效应器是行为结果的展现,即主体为适应环境所做的一系列选择的结果。

(1)探测器。根据第三章对共生环境的分析,创业企业通过探测器所感知的来自共生环境的刺激包括4种:平台合作氛围、金融支持力度、关键技术的发展及政策法规变化。众创空间创业生态系统中积极的平台合作氛围会促使系统中的创业主体参与"双创"活动的意愿增强,有利于推动企业之间寻求伙伴关系,达成良性共生的成长模式。反之,平台合作关系疏远会令系统内创业企业与利益相关者产生疏离感,导致不稳定关系的形成。资金是创业资源的核心组成部分,是创业项目得以顺利开展的保障,强大的金融支持力度能促进企业更积极地开拓创业机会。从国家发布的相关众创空间评价政策可以看出,初创企业融资金额是评价众创空间创业生态系统服务能力的重要指标,因此系统内创业主体在受到金融支持力度的刺激时可能会做出相应的伙伴选择行为。众创空间创业生态系统中以初创企业居多,初创企业尤其是科技型企业所具备的技术能力与其成长绩效紧密相关,技术的发展会改变市场结构与竞争规则,为创业企业开拓新的创业模式和机会,关键技术的进步会推动企业快速发展,亦可能淘汰一批企业。政府通过调整和完善政策法规、扶持大型创业项目及举办"双创"活动等政治赞助形式营造能够促进众创空间创业生态系统良性共生演化的政策环境,政策法规的变化会刺激、引导和控制系统内主体的决策行为,创业主体为迎合政策指向,亦会做出合作选择、创业类型和创业模式等适应性变化。

（2）If/Then 规则集。根据复杂适应系统理论，可以将主体对环境的刺激和反应看作由一组规则所决定。例如，If 创业企业感知到技术更新迭代的需求，Then 企业会尝试寻找具备该技术能力的利益相关者建立伙伴关系；If 政府加大对创新产出的奖励，Then 创业企业会加大研发投入；If 众创空间创新创业氛围沉闷，Then 企业会选择退出行为，系统出现"空"间现象。根据系统论中的信息论和控制论，众创空间创业生态系统中企业与环境之间的互动过程可概括为信息加工、处理和传输的过程，主体对信息的接受和处理等行为就是主体的行为系统，其主要功能在于对外界所感知的环境刺激进行分析和提取，并挑选适宜的规则匹配，包括明确指标、标识识别、过滤筛选和评价选择等流程。

（3）效应器。效应器会将经过主体行为规则处理之后的信息输出，并将输出的信息转化为创业企业、利益相关者及创业环境相互作用过程中形成的决策。从决策的方面考虑，效应器表现为：选择共生伙伴、放弃共生伙伴的选择。从主体行为适应的方面考虑，效应器表现为：调整共生伙伴选择标准或调整自身绩效目标设定。

综上所述，创业企业会通过筛选外部创业环境的信息，包括创业企业对资源的获取、"双创"政策的引导、创业环境风险程度及关键技术发展等信息，将所接收到的刺激转化为对伙伴选择的需求信息，信息流逐步依照 If/Then 规则进行匹配并传递给效应器，这里的规则包括对共生伙伴标识的识别、合作方式的协商、利益分配的约定以及资源共享意愿、所需付出的成本和技术邻近程度的匹配，匹配度高的将继续传递给效应器；通过效应器创业企业依据匹配规则做出共生伙伴选择的决策，输出结果体现了创业企业适应环境刺激的反应。这一系统过程是一个循环的链式反应过程，本书基于此建立了众创空间创业生态系统共生伙伴选择的刺激—反应主体执行系统，如图 4-3 所示。

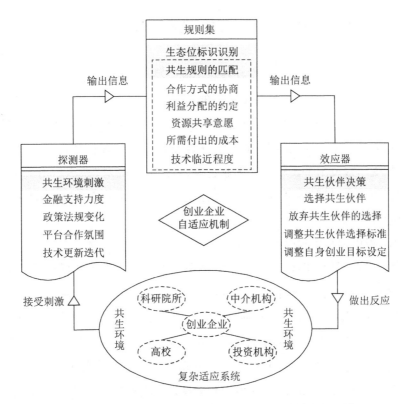

图4-3　创业企业共生伙伴选择的刺激—反应主体执行系统

2. 确认信用分派机制

信用分派的本质在于给予主体预知未来结果的假设,并强化能够带来收益的规则。对于不同的规则,系统内创业主体会基于不同的反应,产生差异性的效果和影响,因而需要有效地对规则进行评价,以确保创业主体在接受类似刺激时能够做出最适配的行为选择。在执行系统模型中,每一条规则的有效性取决于能否高效地匹配主体需求。为了匹配和激活规则,需要对每条规则赋予信用值,这一数值称为适应度(fitness),适应度高的规则被采纳的概率更大。在此之后,主体需要根据规则实际产生的效用对其适应度进行修正,这个过程就是信用分派。主体的行为规则并非一成不变,它会根据规则导致的成本浮动、人员结构和合作关系等变化而更新或淘汰。通过反复刺激、反应、评价、匹配、修正规则的过程,主体会"遗传"与环境相适应的规则,淘汰无法适应环境的规则。创业主体同样会根据这个过程相互作用,不断进行竞争、模仿、整合等互动行为,通过反馈回路中系统跨层级行为在系统内繁衍出耦合性关联体，逐渐进化成高一级的介主体（meta-agents），以此更新系统结构。

众创空间创业生态系统中存在着不同类型、不同方向、针对不同行业的利益相关者，创业企业对于共生伙伴的选择无法完美契合自身所有需求和成本控制要求，需要对企业所创建的规则集进行竞争概率的赋值，有选择地淘汰对创业环境适应度较低的规则，从而根据最终的评估结果进行伙伴选择。如受新冠疫情冲击较大的创业企业，可适当提高对"所需付出成本"规则的竞争概率，稍微降低对"系统环境熟悉程度"规则的竞争概率，以更好地应对生存问题。

3. 提供规则发现路径

规则发现是基于经验而产生的，创业企业需要在众创空间创业生态系统中根据已有经验发现能够促进自身发展的现存规则并创造新的规则。其中，发现新规则的途径包括两种：试错和积木块的组合。在实际中，创业企业试错的代价可能是惨痛且无法挽回的。因此，在众创空间创业生态系统中，需要相关方通过提供创业导师、技能培训及创业大赛等形式，让创业企业和服务机构可以在培训和模拟中获取规则发现的可能性，即经验的累积。例如，北京创业孵育协会所举办的以色列现金孵化模式系统培训，通过参加以色列专家线上授课，创业企业和服务机构可以获取到在创业的不同阶段所需具备的必要条件及对未来创业前景的分析能力[①]，从而对未来创业项目实施过程中可能面临的困境和应对方式有所预见。

（二）共生伙伴选择的主体互选模型

回声模型是一种宏观的复杂适应系统模型，用于探讨和建立多个行为主体间的交互关系机制，该模型主体通过互动规则进行资源调节与交互，最终能够促使所处网络衍生成为一个生态种群。对系统"生态性"的关注使得该模型适用于创业生态系统的研究。回声模型包括三大部分：标识区、控制片段和匹配因素。构建众创空间创业生态系统伙伴选择的回声模型如图4-4所示。

---

① 中国北京留学人员创业园［EB/OL］.［2023-04-15］. http://www.wjpark.com/hdItem.asp?ID=2060.

（1）标识区包括进攻标识（offense tag）和防御标识（defense tag），系统中每个主体都具有进攻和防御两大标识区，主体伙伴选择行为受这两大标识区影响。当众创空间内的主体进行伙伴选择时，创业企业所携带的进攻标识将与其目标伙伴企业的防御标识进行匹配，如果匹配程度较高，主体之间就会进行资源交换，进而形成共生伙伴关系。由于创业活动中可能涉及多种创新创业资源，每个企业都会有不止一个进攻或防御标识，可以通过回声模型对资源匹配程度进行计算，相互匹配的资源加分，不匹配的资源减分，以帮助企业获取最终的匹配得分，选择最合适的共生伙伴。根据前文设计的共生伙伴标识体系，本书分别选择其"态""势"标识作为进攻标识，选择重叠位标识作为防御标识。

（2）控制片段包括条件交换机制、资源转换机制、选择性交配机制及条件复制机制。条件交换指当创业企业或利益相关者选择共生伙伴时，会先将交换条件与对方的进攻标识进行匹配，若条件都能满足，则进行交互。反之，则互动行为中止。资源变换是指在伙伴选择中创业主体将资源变化为新形式的能力，这对新创企业而言尤为关键，如在资源有限的情况下，创业企业拼凑手边资源的能力及将利益相关者所提供的资金转化成创新资源的能力。选择性交配机制指创业企业和利益相关者在共生关系中，企业可以根据不同资源的匹配程度选择其他主体进行合作，创业企业和利益相关者亦可以通过伙伴选择所形成的共生体继续选择其他具备所需资源的主体，形成更有竞争力的聚集体。共生关系的发展是以充足的创新创业资源为前提的，只有双方具备异质性资源互补的能力，才会保证关系的稳定及创造更多的创业机会。条件复制机制是指系统内所存在的可供学习和复制的经验及行为方式，当企业在进行伙伴选择时，可以复制其他具有类似标识企业的决策。例如，系统内领军企业的诞生会给其他新创企业在管理和运营等方面提供可复制的经验。这些机制可促使在主体间伙伴选择过程中产生新的创业模式和创新技术，促进资源在整个系统中的循环更新，从而最终推动整个系统的演化。

（3）匹配因素指会影响共生伙伴之间匹配效率的因素，主要包括匹配速度、匹配时间和匹配能力。在众创空间创业生态系统中，匹配速度影响着创业过程的时效性，主体间匹配速度越快，共生伙伴关系建立得越快，整个众创空间内信息流、能量流及物质流运转就越高效。共生伙伴关系的选择只是合作的开始，匹配时间会影响系统中主体共生关系稳定和紧密程度。主体间匹配时间越长，主体间匹配程度越高，共生伙伴关系越稳定，能够获得的有效资源就越丰富。匹配能力是指系统内各主体为保证系统良性运转，降低创新创业资源的浪费，最大程度利用资源所具备的学习和共享的能力。在众创空间创业生态系统共生伙伴选择中具体表现为：创业企业资源拼凑和机会挖掘分析能力，中介机构的预测与异质性服务提供能力，学研机构人才供给和技术服务能力，金融机构的资产评估和资金供给能力等。

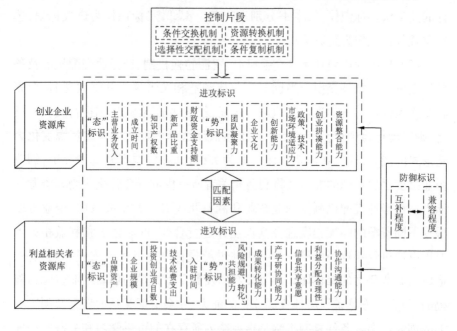

图 4-4　众创空间创业生态系统共生伙伴选择的回声模型

（三）共生伙伴选择的模型构建

在众创空间创业生态系统共生伙伴选择过程中，核心主体为创业企业。创业企业选择共生伙伴的过程包括两个部分：其一，创业企业根据自身需求，即在对"双创"资源的获取、风险规避和降低成本的驱动下，对利益相关者进行正向选择；其二，利益相关者对创业企业的反馈，正向反馈大概率会促成共生伙伴关系的形成，负向反馈则可能促使创业企业调整自身策略或者放弃该伙伴选择行为。若共生伙伴选择失败，上述过程将会重复，直至最终形成伙伴关系或放弃。总的来说,在众创空间创业生态系统中,创业企业与利益相关者伙伴选择的过程,就是创业主体身份特征发生适应性变化的过程,其受到众创空间创业生态系统所处创业环境等因素的影响。由于资源的持续汇入与主体间凝聚力的增强,开始出现适应于突变状态的新生主体,这些主体种类更多,结构更复杂,运行方式和规则也更丰富。

众创空间创业生态系统共生伙伴选择的模型如图 4-5 所示,在众创空间创业生态系统中,创业企业会根据"双创"政策法规、金融支持力度、技术更新迭代及系统共生氛围等创业环境的刺激,提取自身所需的资源信息,进而寻觅具有相匹配的"态""势"标识的伙伴,并根据对合作方式、资源共享、预期成本、利益分配、技术邻近程度等规则进行评估、选择、淘汰与更新,筛选共生伙伴并发出共生信号。备选企业在接收到共生信号后,主体间会进行进攻标识和防御标识的匹配,即创业企业和利益相关者对彼此资源的互补程度和兼容程度进行评价,并协商做出决定,其中控制片段和匹配因素会影响主体间伙伴选择的效率。最后,创业企业和利益相关者需要通过内部模型机制建立基于契约、承诺或信任等形式的共生关系,还有可能基于积木机制根据各自利益需求进行必要的组织形式的重组和创新。

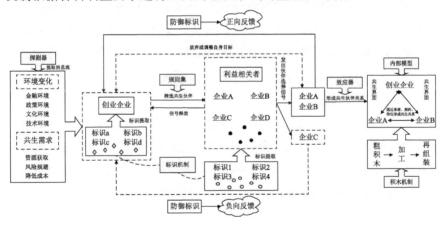

图 4-5　基于复杂适应系统理论的众创空间创业生态系统共生伙伴选择模型

第三节　众创空间创业生态系统共生关系平衡研究

众创空间创业生态系统主体间的共生关系并非总是互惠共生的。根据交易成本理论，共生关系的形成意味着交易双方需要付出知识、技术、资金、人力等资源，然而共生主体未必能够平等地享有共生带来的收益，进而有可能出现主体寄生行为，因此在选择共生伙伴之后，如何平衡共生关系需要进一步探讨。

一、共生主体行为分析

有学者指出，与利益相关者保持良好的共生关系更有益于创业项目的孵化，更能够催生具有创新力的产品和服务。众创空间创业生态系统共生主体是存在短视行为的有限理性个体，在高度不确定性和复杂性的创业环境中，主体之间无法完全掌控信息及信息来源以预测彼此的行为策略，受限于自身所拥有的知识和技术等资源结构、社会关系网络、利益出发点、创业和孵化经验，主体在创业项目推进过程中，因意愿与目标不一致必然会产生冲突。此外，由于创业过程中经常会出现新的委托代理关系，致使原先的共生关系发生冲突，出现对共生伙伴造成利益损失的寄生行为，此类行为会制约共生关系在促进创新创业绩效方面可能发挥的作用。

1. 创业企业行为

根据上述分析，众创空间创业生态系统内的创业企业出于对资源获取、风险规避和降低成本的需求，会选择入驻众创空间进行创业活动。具备专业化和创新性的创业企业为提升企业在市场中的竞争力，会积极主动地与利益相关者构建共生关系，并根据契约或合同要求，履行自身职责。但是，创业企业作为经济理性人，进行创业活动的目标即为自身利益最大化，在信息不对称及监管力度不足甚至缺失监管的情况下，企业可能存在寄生行为。众创空间创业生态系统内创业企业的寄生行为表现在：创业企业会通过提供虚假资料和瞒报创业项目可能存在的技术风险等行为骗取合作方的资金、技术等资源。创业活动的大部分的关键信息（如技术与产品研发、企业真实利润等）都掌握在创业企业手中，利益相关者难以通过自身努力完全了解企业的真实状况,这就容易促使创业者产生侵蚀相关方利益的寄生行为。

2. 利益相关者行为

众创空间创业生态系统内的利益相关者包括中介机构、学研机构、金融机构和空间运营方等与创业企业存在契约关联的企业和组织。利益相关者一方面为创业企业提供必要的创业扶持,支撑"双创"事业的发展,另一方面通过与创业企业所建立的共生关系提升自身绩效,达成共生目标。与创业企业类似,利益相关者作为理性人亦会存在机会主义行为,利益相关者的寄生行为表现为:企业会存在与创业企业目标不一致的情形,创业企业出于对项目更为关切的心理和对创业失败的担忧会付出更多努力,而一些服务机构仅仅是为了完成空间内的孵化任务而与之建立伙伴关系。这就导致创业项目的实施无法朝着预期的目标推进,利益相关者低共生意愿的寄生行为最终会侵害创业企业在合作中投入的资源,如服务提供不及时、提供资源与企业目标不匹配等。

3. 政府行为

众创空间创业生态系统共生发展所涉及的政府部门主要包括地方政府和政府派出机构——行使政府权利的园区管委会。政府部门主要负责对众创空间创业生态系统运行发展进行综合性的服务和指导。一方面,政府会出于自身的职责和对国家"双创"战略的践行,举办创业帮扶活动、普及宣传创新创业意识并给予企业必要的资金扶持;另一方面,政府为加快提升众创空间创业生态系统良性共生局面,会给予企业额外的政策激励并对不履职行为进行必要的约束,如加大人才招引政策、牵头推动大型项目落地、构建失信联合惩戒机制等。然而,在我国当前的政绩体系下,地方政府和管委会可能会基于各自的短期利益,为了尽快做出成绩,实现"双创"绩效数量上的呈现,将工作重点放在创业项目的引进和管理上,忽略了对创业生态方面的关注。对众创空间创业生态系统内企业放松管理,甚至对一些不履职行为纵容包庇,致使"双创"资源被浪费,系统创业活力不足,共生主体间关系松散。因此,政府部门在对众创空间创业生态系统内创业活动监管过程中会根据实际情况权衡利弊,选择恰当的行为策略。

共生主体之间由于目标和角色不同,难免会出现利益矛盾,这种矛盾会影响甚至威胁共生关系的稳定性,直接导致合作的破裂。在社会生态系统中,演化博弈理论由于能够协助行为主体挖掘良性关系形成的制约和激励因素而被学者广泛运用。例如,王发明和朱美娟基于演化博弈方法构建了创新生态系统价值共创的行为协调机制;Wan 和 Qie 指出扶贫生态系统中成本、滞销风险、消费者偏好及政府补贴会对主体合作扶贫关系造成影响;Zhao 和 Du 通过生态系统的视角,研究发现博弈初始状态、价格和产品补贴会影响消费者和软件供应商的行为选择;李婉红等利用随机演化博弈模型探索了绿色智能制造创新生态系统中产学研协同创新的行为稳定性。因而,通过演化博弈方法探索众创空间创业生态系统共生关系平衡问题具有一定的依据和可行性。

那么众创空间创业生态系统主体在彼此建立伙伴关系之后,其共生关系的变化、改变共生策略的因素及稳定共生关系的均衡策略究竟如何呢?政府的介入能否对共生关系产生引导作用呢?共生关系不同于简单的合作关系,共生关系的形成是一个动态变化的过程,如何平衡主体间的共生关系,需要进一步展开研究。

根据第三章的分析,本书假定,众创空间创业生态系统共生的参与主体涉及 3 类:创业企业、利益相关者和政府。一方面,创业企业和利益相关者是共生关系的直接参与主体,创业企业和利益相关者积极合作是系统共生关系的主要表现形式,双方通过契约、协议等形式实现创业项目的推进、利益共享和风险共担。另一方面,为避免市场失灵,政府需要发挥激励和惩罚两种宏观调控职能来维持众创空间创业生态系统共生关系的平衡。创业企业和利益相关者均有两种行为决策,分别是{积极合作,消极寄生};政府部门的行为策略集为{监管,放任}。假设博弈主体三方均为有限理性,且彼此之间因信息不对称,不清楚彼此不同行为选择的概率大小,即处在不完全信息下的博弈。

二、 演化博弈模型构建

(一) 损益变量设定

假设创业企业享受众创空间创业生态系统所提供的硬件资源、创业教育培训、创业导师等服务所获得的基础收益为 π_1,在共生关系中所需要付出的相应成本为 C_1(包括产值、人才、研发成果等);鉴于机会主义现象的存在,创业企业通过"搭便车"行为会获得寄生收益 R_1;当创业企业与利益相关者均采取积极合作行为时,能促进众创空间创业生态系统互惠共生局面的形成,双方将会获得互惠共生收益 $\Delta\pi$,包括众创空间创业生态系统内高级创新人才和尖端技术的涌现,创业企业和利益相关者所拥有的创新创业资源、创业能力、孵化水平等得到丰富和提升。其中,创业企业所获互惠共生收益的分配比例为 λ,即创业企业的共生收益为 $\lambda\Delta\pi$,利益相关者所获共生收益为 $(1-\lambda)\Delta\pi$,$\lambda\Delta\pi-R_1>0$。

假设利益相关者享受众创空间创业生态系统提供的服务、技术、人才等资源所获得的基础收益为 π_2,在合作中需要扶持创业企业的资金、设备、技术等成本为 C_2,利益相关者采取机会主义行为滋生道德风险获取的寄生收益为 R_2,$(1-\lambda)\Delta\pi-R_2>0$。现实中,在众创空间创业生态系统中多表现为创业企业对利益相关者所提供的相关资源的无偿占用,创业企业受益,而利益相关者单方面受害,故有 $R_1>R_2$。违约惩罚可以作为博弈方策略选择的制约机制,在政府监管下,创业企业和利益相关者寄生行为受到的如降低或取消减免税收等方式的惩罚,分别为 F_1 和 F_2。

假设政府选择监管行为时,需付出监管成本 C_3,额外的政策激励补贴为 C_4(包括创新创业补助资金、创业专项支持政策、人才培养及引进激励政策等)。其中,创业企业获得补贴资金比例为 μ,利益相关者获得补贴资金比例则为 $1-\mu$,$\mu C_4>F_1$。此时,若创业企业和利益相关者均积极合作,能够有效服务国家所需、协助政府政策制定、提升政府效能,政府可获得额外收益 G_1;当仅有一方积极参与合作时,政府收益为 G_2,$G_1>G_2>F_1>F_2$。当政府选择放任行为时,无法获知众创空间创业生态系统主体共生行为选择信息,政府部门不设奖惩。

假设创业企业、利益相关者选择积极合作策略的意愿分别为 α 和 β,政府对众创空间进行监管的意愿为 γ,则 $\alpha,\beta,\gamma\in[0,1]$。

上述有关参数符号及含义如表 4-1 所示。

表4-1　博弈模型参数符号及含义

符号	含义	符号	含义
π_1	创业企业基础收益	F_1	政府对创业企业不履职行为的惩罚
π_2	利益相关者基础收益	F_2	政府对利益相关者不履职行为的惩罚
C_1	创业企业积极合作成本	G_1	互惠共生关系下的政府监管收益
C_2	利益相关者积极合作成本	G_2	寄生关系下的政府监管收益
R_1	创业企业寄生收益	C_4	政府额外政策激励补贴
R_2	利益相关者寄生收益	μ	创业企业所获政策补贴比例
C_3	政府监管成本	α	创业企业积极合作意愿
$\Delta\pi$	互惠共生收益	β	利益相关者积极合作意愿
λ	创业企业互惠共生收益分配比例	γ	政府监管意愿

（二）支付矩阵构建

1. 政府监管（γ）下,创业企业与利益相关者的支付矩阵

根据上述假设,在政府积极监管（γ）系统内创新创业活动时,创业企业与利益相关者的支付矩阵如表4-2所示。

表4-2　政府监管下创业企业与利益相关者的支付矩阵

项目		利益相关者	
		积极合作（β）	消极寄生（$1-\beta$）
创业企业	积极合作（α）	$\pi_1-C_1+\lambda\Delta\pi+\mu C_4$ $\pi_2-C_2+(1-\lambda)\Delta\pi+(1-\mu)C_4$	$\pi_1-C_1+\mu C_4$ $\pi_2+R_2+(1-\mu)C_4-F_2$
	消极寄生（$1-\alpha$）	$\pi_1+R_1+\mu C_4-F_1$ $\pi_2-C_2+(1-\mu)C_4$	$\pi_1+\mu C_4-F_1$ $\pi_2+(1-\mu)C_4-F_2$

2. 政府部门采取放任行为（$1-\gamma$）下,创业企业与利益相关者的支付矩阵

根据上述假设,在政府部门不进行监管（$1-\gamma$）时,创业企业与利益相关者的支付矩阵如表4-3所示。

表4-3　政府放任下创业企业与利益相关者的支付矩阵

项目		利益相关者	
		积极合作(β)	消极寄生($1-\beta$)
创业企业	积极合作(α)	$\pi_1-C_1+\lambda\Delta\pi$	π_1-C_1
		$\pi_2-C_2+(1-\lambda)\Delta\pi$	π_2+R_2
	消极寄生($1-\alpha$)	π_1+R_1	π_1
		π_2-C_2	π_2

综合表4-2、表4-3可得创业企业、利益相关者和政府部门三方支付矩阵,如表4-4所示。

表4-4　创业企业、利益相关者和政府部门三方博弈支付矩阵

共生主体行动组合 (创业企业、利益相关者、政府)	效用
(积极合作,积极合作,监管)	$\pi_1-C_1+\lambda\Delta\pi+\mu C_4,\pi_2-C_2+(1-\lambda)\Delta\pi+(1-\mu)C_4,G_1-C_3-C_4$
(积极合作,消极寄生,监管)	$\pi_1-C_1+\mu C_4,\pi_2+R_2+(1-\mu)C_4-F_2,F_2+G_2-C_3-C_4$
(消极寄生,积极合作,监管)	$\pi_1+R_1+\mu C_4-F_1,\pi_2-C_2+(1-\mu)C_4,F_1+G_2-C_3-C_4$
(消极寄生,消极寄生,监管)	$\pi_1+\mu C_4-F_1,\pi_2+(1-\mu)C_4-F_2,F_1+F_2-C_3-C_4$
(积极合作,积极合作,放任)	$\pi_1-C_1+\lambda\Delta\pi,\pi_2-C_2+(1-\lambda)\Delta\pi,0$
(积极合作,消极寄生,放任)	$\pi_1-C_1,\pi_2+R_2,0$
(消极寄生,积极合作,放任)	$\pi_1+R_1,\pi_2-C_2,0$
(消极寄生,消极寄生,放任)	$\pi_1,\pi_2,0$

三、 参数分析

(一) 均衡条件设定

根据表4-4,采用无差异方程原理,设定众创空间创业生态系统共生的多方博弈均衡条件。

1. 创业企业均衡条件

创业企业采取积极合作行为时的期望收益 E_1:

$$E_1 = \beta\gamma(\pi_1 - C_1 + \lambda\Delta\pi + \mu C_4) + (1-\beta)\gamma(\pi_1 - C_1 + \mu C_4) +$$
$$\beta(1-\gamma)(\pi_1 - C_1 + \lambda\Delta\pi) + (1-\beta)(1-\gamma)(\pi_1 - C_1) \tag{4-1}$$

创业企业采取消极寄生行为时的期望收益 E_1'：

$$E_1' = \beta\gamma(\pi_1 + R_1 + \mu C_4 - F_1) + (1-\beta)\gamma(\pi_1 + \mu C_4 - F_1) + \beta(1-\gamma)(\pi_1 + R_1) +$$
$$(1-\beta)(1-\gamma)\pi_1 \tag{4-2}$$

可得，创业企业选择积极合作策略的平均期望收益 $\overline{E_1}$ 为：

$$\overline{E_1} = \alpha E_1 + (1-\alpha)E_1' \tag{4-3}$$

创业企业选择积极合作策略的复制动态方程式为：

$$F(\alpha) = \frac{d\alpha}{dt} = \alpha(1-\alpha)\left[\beta(\lambda\Delta\pi - R_1) + \gamma F_1 - C_1\right] \tag{4-4}$$

2. 利益相关者均衡条件

利益相关者采取积极合作行为时的期望收益 E_2：

$$E_2 = \alpha\gamma\left[\pi_2 - C_2 + (1-\lambda)\Delta\pi + (1-\mu)C_4\right] + (1-\alpha)\gamma\left[\pi_2 - C_2 + (1-\mu)C_4\right] +$$
$$\alpha(1-\gamma)\left[\pi_2 - C_2 + (1-\lambda)\Delta\pi\right] + (1-\alpha)(1-\gamma)(\pi_2 - C_2) \tag{4-5}$$

利益相关者采取消极寄生行为时的期望收益 E_2'：

$$E_2' = \alpha\gamma\left[\pi_2 + R_2 + (1-\mu)C_4 - F_2\right] + (1-\alpha)\gamma\left[\pi_2 + (1-\mu)C_4 - F_2\right] +$$
$$\alpha(1-\gamma)(\pi_2 + R_2) + (1-\alpha)(1-\gamma)\pi_2 \tag{4-6}$$

可得，利益相关者选择积极合作策略的平均期望收益 $\overline{E_2}$ 为：

$$\overline{E_2} = \beta E_2 + (1-\beta)E_2' \tag{4-7}$$

利益相关者选择积极合作策略的复制动态方程式为：

$$F(\beta) = \frac{d\beta}{dt} = \beta(1-\beta)\left\{\alpha\left[(1-\lambda)\Delta\pi - R_2\right] + \gamma F_2 - C_2\right\} \tag{4-8}$$

3. 政府部门均衡条件

政府部门采取监管行为时的期望收益 E_3：

$$E_3 = \alpha\beta(G_1 - C_3 - C_4) + \alpha(1-\beta)(F_2 + G_2 - C_3 - C_4) + (1-\alpha)\beta(F_1 + G_2 - C_3 - C_4) +$$
$$(1-\alpha)(1-\beta)(F_1 + F_2 - C_3 - C_4) \tag{4-9}$$

政府部门采取放任行为时的期望收益 $E_3' = 0$。政府部门选择监管策略的平均期望收益 $\overline{E_3}$ 为：

$$\overline{E_3} = \gamma E_3 + (1-\gamma)E_3' \tag{4-10}$$

政府部门选择监管策略的复制动态方程式为:

$$F(\gamma)=\frac{\mathrm{d}\gamma}{\mathrm{d}t}=\gamma(1-\gamma)\left[\alpha\beta(G_1-2G_2)+\alpha(G_2-F_1)+\beta(G_2-F_2)+F_1+F_2-C_3-C_4\right]$$

$$(4-11)$$

(二) 稳定性分析

1. 创业企业的渐进稳定性分析

对创业企业策略选择的复制动态方程求一阶偏导数,根据式(4-4)可得:

$$F'(\alpha)=(1-2\alpha)(\beta\lambda\Delta\pi-C_1+\gamma F_1-\beta R_1) \qquad (4-12)$$

令 $G(\beta)=\beta\lambda\Delta\pi-C_1+\gamma F_1-\beta R_1$,根据微分方程演化稳定性定理,创业企业选择积极合作的概率处于稳定状态必须满足:$F(\alpha)=0$ 且 $F'(\alpha)<0$。由于 $G'(\beta)>0$,故 $G(\beta)$ 是关于 β 的增函数。当 $\beta^*=\dfrac{C_1-\gamma F_1}{\lambda\Delta\pi-R_1}$ 时,$G(\beta)=0$,此时 $F'(\alpha)=0$,所有水平均为稳定状态;当 $\beta<\beta^*$ 时,$G(\beta)<0$,此时 $F'(0)<0$,$\alpha=0$ 为创业企业的演化稳定策略;反之,则 $\alpha=1$ 为演化稳定策略。

如创业企业演化稳定性示意图(图 4-6)所示,立方体被阴影面截成两块,体积 V_1 和 V_1' 分别表示创业企业在众创空间创业生态系统中选择消极寄生和积极合作的概率,计算得:

$$V_1=\iint\limits_{D_{V_1}}\frac{C_1-\gamma F_1}{\lambda\Delta\pi-R_1}\mathrm{d}\sigma=\int_0^1\mathrm{d}\alpha\int_0^1\frac{C_1-\gamma F_1}{\lambda\Delta\pi-R_1}\mathrm{d}\gamma=\frac{2C_1-F_1}{2(\lambda\Delta\pi-R_1)}$$

$$V_1'=1-V_1$$

$$(4-13)$$

推论 1 V_1 关于创业企业积极合作成本 C_1 正相关,关于政府对创业企业不履职行为的处罚 F_1 负相关;V_1' 关于创业企业积极合作成本 C_1 负相关,关于政府对创业企业不履职行为的处罚 F_1 正相关;V_1 关于创业企业所获共生收益 $\lambda\Delta\pi$ 负相关,关于创业企业寄生收益 R_1 正相关;V_1' 关于创业企业所获共生收益 $\lambda\Delta\pi$ 正相关,关于创业企业寄生收益 R_1 负相关。

证明:分别求 V_1 和 V_1' 关于 C_1 和 F_1 的一阶偏导数,由于 $\lambda\Delta\pi-R_1>0$,可得 $\dfrac{\partial V_1}{\partial C_1}=\dfrac{1}{\lambda\Delta\pi-R_1}>0$,$\dfrac{\partial V_1'}{\partial C_1}<0$;$\dfrac{\partial V_1}{\partial F_1}=\dfrac{1}{2(R_1-\lambda\Delta\pi)}<0$,$\dfrac{\partial V_1'}{\partial F_1}>0$。同理可得,$V_1$,$V_1'$ 分别对 $\lambda\Delta\pi$ 和 R_1 求偏导数,有 $\dfrac{\partial V_1}{\partial\lambda\Delta\pi}=-\dfrac{2C_1-F_1}{2(\lambda\Delta\pi-R_1)^2}<0$,$\dfrac{\partial V_1'}{\partial\lambda\Delta\pi}>0$;$\dfrac{\partial V_1}{\partial R_1}=$

$$\frac{2C_1-F_1}{2(\lambda\Delta\pi-R_1)^2}>0, \frac{\partial V_1'}{\partial R_1}<0_\circ$$

2. 利益相关者的渐进稳定性分析

对利益相关者策略选择的复制动态方程求一阶偏导数，根据式（4-8）可得：

$$F'(\beta)=(1-2\beta)\left[\alpha(1-\gamma)\Delta\pi-\alpha R_2-C_2+\gamma F_2\right] \tag{4-14}$$

令 $H(\gamma)=\alpha(1-\lambda)\Delta\pi-\alpha R_2-C_2+\gamma F_2$，根据微分方程演化稳定性定理，利益相关者选择积极合作的概率处于稳定状态需要满足 $F(\beta)=0$ 且 $F'(\beta)<0$。易得 $H'(\gamma)>0$，则 $H(\gamma)$ 是关于 γ 的增函数。当 $\gamma^*=\dfrac{C_2+\alpha\left[R_2-(1-\lambda)\Delta\pi\right]}{F_2}$ 时，$H(\gamma)=0$，此时 $F'(\beta)=0$，所有水平均为稳定状态；当 $\gamma<\gamma^*$ 时，$H(\gamma)<0$，此时 $F'(0)<0$，$\beta=0$ 为利益相关者的演化稳定策略；反之，则 $\beta=1$ 为演化稳定策略。如利益相关者演化稳定性示意图（图4-7）所示，立方体被阴影面截成两块，体积 V_2 和 V_2' 分别表示利益相关者选择消极寄生行为和积极合作行为的概率，计算得：

$$\begin{aligned}
V_2 &= \iint\limits_{D_{V_2}} \frac{C_2+\alpha\left[R_2-(1-\lambda)\Delta\pi\right]}{F_2}\mathrm{d}\sigma \\
&= \int_0^1\mathrm{d}\beta\int_0^{\frac{C_2}{(1-\lambda)\Delta\pi-R_2}} \frac{C_2+\alpha\left[R_2-(1-\lambda)\Delta\pi\right]}{F_2}\mathrm{d}\alpha \\
&= \frac{C_2^2}{2F_2\left[(1-\lambda)\Delta\pi-R_2\right]}
\end{aligned}$$

$$V_2'=1-V_2 \tag{4-15}$$

推论 2 V_2 关于利益相关者积极合作所要付出的成本 C_2、寄生收益 R_2 正相关，关于政府惩罚 F_2、共生收益 $(1-\lambda)\Delta\pi$ 负相关；V_2' 关于 C_2、R_2 负相关，关于 F_2 和 $(1-\lambda)\Delta\pi$ 正相关。

证明：V_2 和 V_2' 分别对 C_2，R_2，F_2 和 $(1-\lambda)\Delta\pi$ 求偏导数，可得 $\dfrac{\partial V_2}{\partial C_2}=$

$$\frac{C_2}{F_2\left[(1-\lambda)\Delta\pi-R_2\right]}>0, \frac{\partial V_2'}{\partial C_2}<0; \frac{\partial V_2}{\partial R_2}=\frac{C_2^2}{2F_2\left[(1-\lambda)\Delta\pi-R_2\right]^2}>0, \frac{\partial V_2'}{\partial R_2}<0; \frac{\partial V_2}{\partial F_2}=$$

$$-\frac{C_2^2}{2F_2^2\left[(1-\lambda)\Delta\pi-R_2\right]}<0,\frac{\partial V_2'}{\partial F_2}>0;\frac{\partial V_2}{\partial(1-\lambda)\Delta\pi}<0,\frac{\partial V_2'}{\partial(1-\lambda)\Delta\pi}>0。$$

3. 政府部门的渐进稳定性分析

对政府部门策略选择的复制动态方程求一阶偏导数,根据式(4-11)可得:

$$F'(\gamma)=(1-2\gamma)\left[\alpha\beta(G_1-2G_2)+\alpha(G_2-F_1)+\beta(G_2-F_2)+F_1+F_2-C_3-C_4\right]$$

(4-16)

令 $J(\alpha)=\alpha\beta(G_1-2G_2)+\alpha(G_2-F_1)+\beta(G_2-F_2)+F_1+F_2-C_3-C_4$,根据微分方程演化稳定性定理,政府部门选择监管行为的概率处于稳定状态必须满足:$F(\gamma)=0$ 且 $F'(\gamma)<0$。由于 $J'(\alpha)>0$,故 $J(\alpha)$ 是关于 α 的增函数。当 $\alpha^*=\dfrac{C_3+C_4-F_1-F_2-\beta(G_2-F_2)}{\beta(G_1-2G_2)+G_2-F_1}$ 时,$J(\alpha)=0$,此时 $F'(\gamma)=0$,所有水平均为稳定状态;当 $\alpha<\alpha^*$ 时,$J(\alpha)<0$,此时 $F'(0)<0$,$\gamma=0$ 为政府部门的演化稳定策略;反之,则 $\gamma=1$ 为演化稳定策略。

如政府部门演化稳定性示意图(图4-8)所示,体积 V_3 和 V_3' 分别代表政府部门选择放任行为和监管行为的概率,计算得:

$$\begin{aligned}V_3&=\iint\limits_{D_{V_3}}\frac{C_3+C_4-F_1-F_2-\beta(G_2-F_2)}{\beta(G_1-2G_2)+G_2-F_1}d\sigma\\&=\int_0^1 d\gamma\int_0^1\frac{C_3+C_4-F_1-F_2-\beta(G_2-F_2)}{\beta(G_1-2G_2)+G_2-F_1}d\beta\\&=\left[\frac{C_3+C_4-F_1-F_2}{G_1-2G_2}+\frac{(G_2-F_2)(G_2-F_1)}{(G_1-2G_2)^2}\right]\ln(\frac{G_1-2G_2}{G_2-F_1}+1)-\frac{G_2-F_2}{G_1-2G_2}\end{aligned}$$

$$V_3'=1-V_3 \tag{4-17}$$

推论3 V_3 关于政府监管下给创业企业和利益相关者的惩罚 F_1 和 F_2 负相关,关于监管成本 C_3 和政府激励成本 C_4 正相关;V_3' 关于 F_1 和 F_2 正相关,关于 C_3 和 C_4 负相关。

证明:分别求 V_3 和 V_3' 关于各参数的偏导数,由 $\dfrac{G_1-2G_2}{G_1-G_2-F_1}<\ln\left(1+\dfrac{G_1-2G_2}{G_2-F_1}\right)<$

$\dfrac{G_1-2G_2}{G_2-F_1}$ 得:$\dfrac{\partial V_3}{\partial F_2}=\ln\left(\dfrac{G_1-2G_2}{G_2-F_1}+1\right)\left[\dfrac{1}{2G_2-G_1}+\dfrac{F_1-G_2}{(G_1-2G_2)^2}\right]+\dfrac{1}{G_1-2G_2}<0,\dfrac{\partial V_3'}{\partial F_2}>0;$

$\dfrac{\partial V_3}{\partial F_1}<0,\dfrac{\partial V_3'}{\partial F_1}>0;\dfrac{\partial V_3}{\partial C_3}=\dfrac{\partial V_3}{\partial C_4}=\dfrac{1}{G_1-2G_2}\ln\left(\dfrac{G_1-2G_2}{G_2-F_1}+1\right)>0,\dfrac{\partial V_3'}{\partial C_3}=\dfrac{\partial V_3'}{\partial C_4}<0$。故政府部

门监管时的惩罚越高、成本越低，其选择监管行为的概率越高。

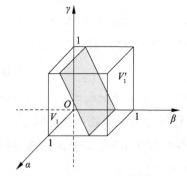
图 4-6　创业企业演化稳定性示意图

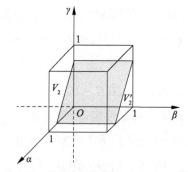
图 4-7　利益相关者演化稳定性示意图

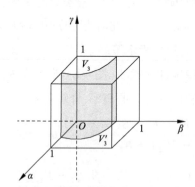

图 4-8　政府部门演化稳定性示意图

通过对演化博弈的稳定性分析，可以初步得出以下结论：

首先，创业企业、利益相关者和政府部门三方决策互相影响，其各自稳定策略选择除了受到自身因素影响之外，还受到其他博弈主体相关支付因素的影响。比如，创业企业合作行为的概率除了受到合作成本 C_1 的影响，还受到共生收益分配比例 λ 及政府对创业生态系统进行监管的概率 γ 等因素的影响；利益相关者选择合作行为的概率受到共生收益 $\Delta\pi$ 的大小、政府对其不履职行为的惩罚 F_2 等因素影响；政府选择监管的概率受到创业主体积极合作意愿 α 和 β、监督和激励成本 C_3 和 C_4，以及惩罚力度 F_1 和 F_2 的影响。

其次，由于信息不对称，在创业企业、利益相关者和政府三方演化博弈

模型中,创业企业行为决策受合作方和政府共同影响,如果利益相关者和政府均选择消极态度,不积极合作、不加管制,那么创业企业大概率会选择不合作行为,利益相关者亦然。

最后,众创空间创业生态系统共生关系的维系需要创业企业、利益相关者和政府三方共同努力,证实了众创空间是通过创业企业与利益相关者共生关系演化形成的复杂系统,只有系统内各主体积极寻求合作,辅以政府规章制度的扶持,才能形成良好的协调互助机制及资源共享机制,最终实现互惠共生模式。

四、 数值模拟

(一) 参数设置

根据前文的模型分析,结合政府出台的关于众创空间补贴政策文件,以及基于创业企业与利益相关者的现实合作情况,对支付矩阵中的固定参数初始值给出如下假设,统一单位为百万元。创业企业与利益相关者均采取积极合作行为时,双方所获得的共生收益 $\Delta\pi = 50$,创业企业参与积极合作所需付出的成本 $C_1 = 13$,创业企业通过"搭便车"等机会主义行为获得的寄生收益 $R_1 = 4$;利益相关者积极合作所需付出的成本 $C_2 = 20$,利益相关者采取机会主义行为滋生道德风险获取的寄生收益 $R_2 = 3$;政府采取积极规制下所需付出的额外激励成本 $C_4 = 3$,互惠共生下政府所获得的额外收益 $G_1 = 8$,创业企业和利益相关者只有一方积极合作下,政府收益 $G_2 = 3$,其余各参数设置见表4-5。

表4-5 数值模拟的参数设置

	α	β	γ	F_1	F_2	C_4	λ
图4-9	(0.3, 0.5, 0.8)	(0.3, 0.5, 0.8)	(0.3, 0.5, 0.8)	4.5	3.5	3	0.5
图4-10	(0.3, 0.5, 0.8)	(0.5, 0.5, 0.8)	(0.5, 0.5, 0.5)	4.5	3.5	3	0.5
图4-11	(0.5, 0.5, 0.5)	(0.3, 0.5, 0.8)	(0.5, 0.5, 0.5)	4.5	3.5	3	0.5
图4-12	(0.3, 0.3, 0.3)	(0.3, 0.3, 0.3)	(0.3, 0.5, 0.8)	4.5	3.5	3	0.5

	α	β	γ	F_1	F_2	C_4	λ
图 4-13	(0.2,0.8)	(0.2,0.8)	(0.8,0.2)	4.5	3.5	3	0.5
图 4-14	(0.3,0.3, 0.3,0.3)	(0.3,0.3, 0.3,0.3)	(0.3,0.3, 0.3,0.3)	10.5	5.5	(1,6, 11,16)	0.5
图 4-15	(0.3,0.3, 0.3,0.3)	(0.3,0.3, 0.3,0.3)	(0.3,0.3, 0.3,0.3)	(5,6, 10,12)	(3,4, 6,8)	3	0.5
图 4-16 (a)	(0.5,0.5, 0.5)	(0.5,0.5, 0.5)	(0.5,0.5, 0.5)	5	3	3	(0.15,0.25, 0.35,0.45)
图 4-16 (b)	(0.5,0.5, 0.5)	(0.5,0.5, 0.5)	(0.5,0.5, 0.5)	5	3	3	(0.55,0.65, 0.75,0.85)

通过上述分析及初始值的设定，本书借助 matlab 软件对创业企业、利益相关者和政府在不同初始状态下其策略选择的动态进化过程予以仿真。根据仿真分析所得结果，就博弈主体的初始共生意愿、政府的补贴政策、惩罚力度及共生收益分配系数展开讨论。

（二）初始意愿对共生关系的影响

图 4-9 是在其他参数不变的情况下，创业企业、利益相关者和政府的初始意愿变化对创业生态系统共生关系稳定性影响的仿真。假设三者的初始意愿相同，即 $\alpha=\beta=\gamma$，取 0.3、0.5 和 0.8 分别对应初始意愿低、中、高 3 种情形。由图 4-9 可知，创业企业和利益相关者共生的初始意愿 α,β 的阈值处于 0.5~0.8 之间，处于一个相对较高的意愿值，当初始意愿 α,β 小于该阈值时，γ 收敛于 1，α,β 收敛于 0，最终平衡点趋向于(0,0,1)，此时众创空间创业生态系统内创业活力较低，系统内共生主体间关系松散、联系较少。受创业环境影响，利益相关者共生意愿的收敛速度快于创业企业；当初始意愿 α,β 高于该临界值时，α,β,γ 均收敛于 1，最终平衡点趋向于(1,1,1)，此时众创空间创业生态系统内创业企业与利益相关者之间合作紧密，政府积极发挥引导作用，彼此促进，形成了良好的协调互助机制和资源共享机制，主体间良性共生关系程度较高。此外，随着初始意愿 α,β,γ 的增加，γ 收敛于 1 的速度逐渐加快，并且在三者意愿都较高时，α 收敛于 1 的速度快于 β,γ。

仿真结果表明，政府积极改善创业环境，推动创业企业与各机构的合作，无论在共生过程的哪一阶段政府均发挥着引导作用，并且相较于利益相关者,创业企业更渴望良性的共生关系,而前者往往会选择暂时的观望策略,并随着时间的推移最终选择合作策略。这是由于相较于其他"双创"载体,众创空间创业生态系统更加"草根化""平民化",准入门槛更低,系统内多为初创型企业,需要利益相关者综合考量和评价预期收益和利润,从而选择更具潜力的创业企业建立共生关系。

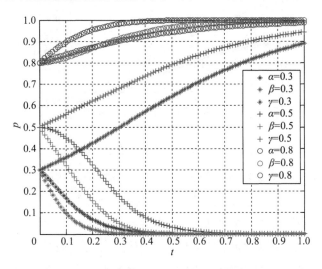

图4-9　α,β,γ 同时变化下三方博弈演化轨迹

图4-10是在其他参数不变的情况下,创业企业初始意愿 α 变化对利益相关者共生策略和政府监管策略影响的仿真。可以看出,利益相关者和政府的初始意愿 β,γ 始终处于一个中等状态,即 $\beta=\gamma=0.5$,创业企业初始意愿 α 的阈值位于0.3~0.5之间,当 α 小于该阈值时,α,β 均收敛于0,系统平衡点最终趋向于(0,0,1);当 α 大于该阈值时,α,β,γ 均收敛于1,此时 β 的收敛速度快于 γ,并且随着 α 的增加,β 的收敛速度加快。

仿真结果表明,当创业企业积极合作意愿较低时,即便政府采取了一定的引导策略,系统仍难以形成良性共生局面,利益相关者的合作意愿更多受创业企业态度的影响。随着创业企业共生意愿的逐渐强烈,利益相关者更倾向于选择积极合作,并且政府也更乐意给予共生程度高的众创空间创业生态系统以制度和资金方面的支持。

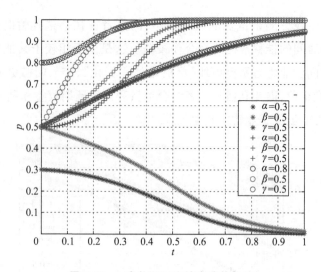

图 4-10　α 变化下三方博弈演化轨迹

　　图 4-11 是在其他参数不变的情况下,利益相关者初始意愿 β 变化对创业企业共生策略和政府监管策略影响的仿真。此时,创业企业和政府的初始意愿 α,γ 始终处于一个中等状态,即 $\alpha=\gamma=0.5$,利益相关者初始意愿 β 的阈值处于 $0.5\sim0.8$ 之间,当 β 小于该阈值时,α,β 均收敛于 $0,\beta$ 的收敛速度快于 α,在此区间内随着 β 的增加,α 的收敛速度减慢,系统平衡点最终趋向于 $(0,0,1)$;当 β 大于该阈值时,α,β,γ 均收敛于 1,此时 α 的收敛速度快于 γ,并且随着 β 的增加,γ 的收敛速度加快,系统平衡点最终趋向于 $(1,1,1)$。

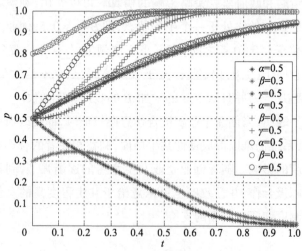

图 4-11　α,β 变化下三方博弈演化轨迹

　　图 4-12 是在其他参数不变的情况下,政府选择监管行为的初始意愿 α,β 变化对创业企业和利益相关者共生策略影响的仿真。此时,为探讨政府监管行为对众创空间创业生态系统共生关系稳定是否具有引导作用,设立 α,β 始终处于一个较低水平,即 $\alpha=\beta=0.3$。在该情形下,系统平衡点最终趋向于 $(0,0,1)$。随着政府部门选择监管行为初始意愿 γ 的上升,创业企业和利益相关者收敛于 0 的速度减慢,并且利益相关者的收敛速度在同区间内始终快于创业企业的收敛速度。

　　仿真结果表明,政府监管意愿的上升对创业企业和利益相关者寄生行为具有一定的改善作用,但单靠政府的力量无法改变整个系统演化的走向,系统最终无法形成互惠共生局面。这从侧面印证了众创空间创业生态系统是一个复杂系统,其演变过程不受单一的组织所控制,具有自组织性。

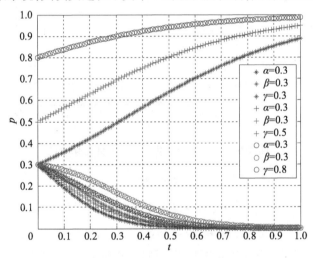

图 4-12　α,β 变化下三方博弈演化轨迹

　　图 4-13 是在其他参数不变的情况下,当政府监管的初始意愿 γ 分别处于高水平($\gamma=0.8$)和低水平($\gamma=0.2$)时,创业企业和利益相关者初始意愿 α,β 同时变化对三方策略影响的仿真。当 α,β 均处于一个较高水平时,即使政府的监管意愿 γ 很低,系统平衡点最终仍会趋向于 $(1,1,1)$,达到共生状态,并且利益相关者积极合作意愿 β 的收敛于 1 的速度快于创业企业积极合作意愿 α;而当创业企业和利益相关者合作意愿 α,β 均很低时,即便政府的监管意愿 γ 很高,α,β 仍收敛于 0,并且 α 趋于 0 的速度快于 β,系统平

衡点最终趋于(0,0,1)，即创业企业和利益相关者经过一段时间的博弈后选择寄生行为，政府资源则被挪用和浪费。

仿真结果表明，创业企业与利益相关者受彼此合作意愿的影响明显大于政府监管对双方合作行为选择的影响。当创业企业发现系统内创业活力、创业企业合作意愿低时，由于其承担着比利益相关者更大的风险，对于资金、技术等资源的迫切需求导致创业企业更大概率会选择消极行为。

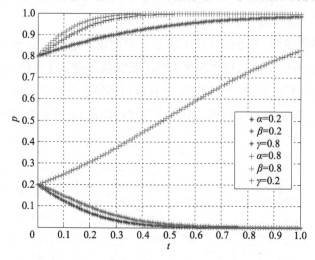

图4-13 α,β 同时变化下三方博弈演化轨迹

（三）政府监管对共生关系的影响

面对"十四五"，党中央、国务院提出了"双创"纵深发展的新要求：一方面，要持续深化"放管服"改革，破除不合理障碍，营造更加优良的"双创"生态系统；另一方面，要强化公正监督，反对不正当竞争，完善失信主体惩戒机制等。由此可见，政府监管行为主要体现在以下两个方面：一是政府为带动众创空间创业生态系统发展，提升其运行效率所给予的包括财政补贴、税收、融资等方面的扶持，如山西省设立了扶持众创空间创业生态系统发展的专项资金1000万元，湖北省每年投入2000万元用于补贴和奖励科技孵化器。二是为减少系统内不履职现象的发生而予以的惩罚。例如，石家庄出台的《众创空间补贴资金管理办法》中明确规定，对于系统内提供虚假资料、骗取财政基金的企业，将收回已拨付的财政资金，并依法予以处罚。

图4-14是在其他参数不变的情况下，政府政策补贴 C_4 的改变对系统

共生关系平衡影响的仿真。为探究政府政策的激励作用,假设三者的初始意愿相同并均处于较低水平,即 $\alpha=\beta=\gamma=0.3$ 。政府政策补贴 C_4 存在两个临界值,分别处于 1~6 和 11~16 之间。

(1) 当 C_4 小于 1~6 的临界值时,创业企业和利益相关者会暂时选择消极寄生策略,但最终系统平衡点会趋向于(1,1,1),其中 α 的收敛速度快于 β ;

(2) 当 C_4 处于 6~11 时,创业企业和利益相关者选择积极参与合作的意愿 α,β 收敛于 0,γ 收敛于 1,β 的收敛速度快于 α ,系统平衡点最终倾向于(0,0,1);

(3) 当 C_4 大于 6~11 的临界值时,随着 C_4 的增加,γ 趋向于 1 的概率逐渐降低,并最终趋向于 0 ,此时系统平衡点最终趋向于(0,0,0)。

仿真结果表明,尽管创业企业和利益相关者的初始积极合作意愿不高,但适度的政府补贴仍能够影响二者的策略选择。由于政府补贴的影响效果在时间维度上具有"滞后性"特征,创业企业和利益相关者在进行选择时会存在一定的观望期,但双方最终都会选择积极参与共生。创业企业对于激励政策较之利益相关者更为敏感,当补贴力度足够时,创业企业比利益相关者更渴望形成稳定的共生关系,这是因为当前国家"双创"政策更多地直接作用于创业企业层面。此外,仿真出现了与预期不同的结果,即当补贴力度较大时,政府投入对众创空间创业生态系统共生关系的作用出现了"挤出效应"和"偏离效应",可能的原因有以下两点:

(1) 政策资源供给出现了重复现象,创业主体会以政府补贴代替自身创新创业资源投入,积极参与协同创新等合作行为意愿降低。

(2) 系统内企业同质性过高,共生主体之间为争取政府补贴,出现了恶性竞争,导致资源浪费,创业效率大大降低。

图 4-15 是在其他参数不变的情况下,政府对创业企业和利益相关者不履职行为的惩罚力度 F_1 和 F_2 的改变对三方策略选择影响的仿真。惩罚力度 F_1 和 F_2 的临界值分别位于 6~10 和 4~6 之间,当 F_1 和 F_2 均小于临界值时,创业企业和利益相关者的初始意愿 α 和 β 收敛于 0,γ 收敛于 1,α 的收敛速度快于 β ,系统平衡点最终倾向于(0,0,1);当 F_1 和 F_2 大于临界值时,α,β,γ 均收敛于 1,α 的收敛速度先是慢于 β ,随着时间的推移,α 的收敛

速度逐渐超过 β,系统平衡点最终趋向于(1,1,1)。

仿真结果表明,政府惩罚力度的增加会影响创业企业和利益相关者的策略选择,在惩罚力度很低的情况下,无论是创业企业还是扶持机构均会毫不犹豫地选择寄生行为,攫取政府补贴,系统内存在严重的机会主义现象。随着惩罚力度的增强,创业企业和利益相关者向寄生方向演化的速度减缓。当惩罚强有力的时候,尽管仍有企业在初期选择投机取巧、不劳而获,但随着时间的推移,以及政府监管下创新创业环境的改善,越来越多的企业最终会选择合作策略。

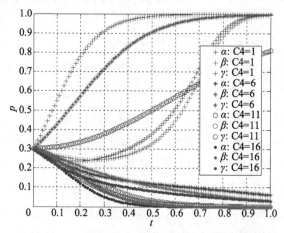

图4-14 政策补贴 C_4 变化下三方博弈演化轨迹

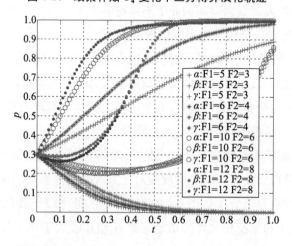

图4-15 惩罚力度 F_1,F_2 变化下三方博弈演化轨迹

（四）收益分配对共生关系的影响

收益分配是利益相关者理论所关注的重点，也是影响众创空间创业生态系统共生关系平衡的关键所在。图 4-16 是在其他参数不变的情况下，共生收益分配比例 λ 的改变对创业企业和利益相关者策略选择影响的仿真。为不失一般性，假设 3 个主体初始意愿相同并均处于中等水平，即 $\alpha=\beta=\gamma=0.5$，共生收益分配比例 λ 存在两个临界值，分别处于 0.25~0.35 和 0.75~0.85 之间。分 3 个阶段进行分析：

（1）当共生收益分配比例 λ 小于 0.25~0.35 的临界值时，α 和 β 收敛于 0，即创业企业和利益相关者均会选择消极寄生行为。

（2）当共生收益分配比例 λ 处于 0.35~0.75 时，α 和 β 收敛于 1。其中，当 $0.35<\lambda<0.55$ 时，β 收敛于 1 的速度快于 α，当 $0.55\leqslant\lambda\leqslant0.75$ 时，α 收敛于 1 的速度快于 β。

（3）当共生收益分配比例 λ 大于 0.75~0.85 的临界值时，α 和 β 均收敛于 0，并且 β 收敛于 0 的速度明显快于 α。

仿真结果表明，收益分配比例 λ 变化会影响主体的策略选择，并最终改变系统演化方向。在众创空间创业生态系统共生关系中，收益分配比例越公平，创业企业和利益相关者也越倾向于选择积极合作，否则，系统终究无法形成互利共生的局面。这充分体现了利益相关者的核心思想：只有兼顾不同层次利益相关者的需求，创业企业与利益相关者的良性共生关系才能得以维系，进而实现资源的最优配置，在众创空间创业生态系统中亦然。值得注意的是，稍显偏颇的分配比例并不会改变利益相关者积极参与共生的选择，可能的解释是，与其他孵化器不同，众创空间具有高服务性特征，创业过程的高风险性更多的是落在创业企业身上，而利益相关者更关注人才、技术等创新资源的引育与技术和平台的共享机会等方面，因此创业企业对收益分配比例更加敏感；当收益分配比例严重失调时，尽管创业企业初期表现出强烈的共生意愿，利益相关者基于对创业项目经验的风险感知和收益评估果断选择消极参与行为，但随着时间的推移，最终双方均会采取消极行为。

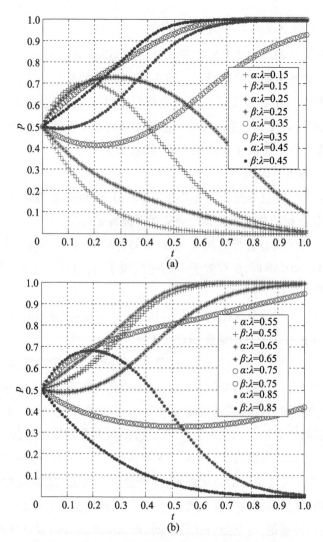

图4-16　收益分配比例 λ 变化下创业企业和利益相关者博弈演化轨迹

　　根据仿真结果可以得出，首先，创业企业和利益相关者选择合作、政府选择监管的初始意愿对共生关系平衡的影响程度存在差异，众创空间创业生态系统共生关系的演化呈现出自组织特性。主要表现在：无论在共生关系的哪一个阶段政府均能积极发挥引导作用，但如果创业企业和利益相关者的合作意愿很低，最终也是无济于事，伙伴关系无法形成互利共生的局面。相较于政府的引导，利益相关者的共生意愿更多地受创业企业选择的影响。其次，尽管政策效用在创业活动中存在"滞后性"，但政府规制仍能够有效制约共生关系中的投机行为,与利益相关者相比,创业企业对政府的补贴政策和惩罚力度更为敏感。与此同时,在创业企业与利益相关者关系平衡的过程中,政府补贴存在"挤出效应"和"偏离效应"。最后,合理的共生收益分配比例有利于系统达到互惠共生状态,创业企业出于资本积累和风险规避的考虑,对于收益分配比例的感知更为敏感,预期收益和利润不足会影响创业企业的共生意愿,当收益分配比例严重失调时,利益相关者会果断选择消极行为。

第四节　众创空间创业生态系统共生关系形成机制构建

根据前文的研究,众创空间创业生态系统共生关系的形成包括共生伙伴选择阶段和共生关系平衡阶段。在选择阶段,创业企业和利益相关者会对创业环境不确定性所带来的刺激做出反应,通过标识匹配选择合适的共生伙伴,对环境的识别能力、反应能力和资源的合理配置程度会影响企业尤其是创业企业选择共生伙伴的效率和效果。在平衡阶段,积极合作能够维持共生关系的平衡,促进共生伙伴关系向着互惠共生的方向发展;消极寄生行为则会干扰共生关系的平衡,甚至致使共生伙伴关系的破裂。研究结果显示,政府监管无法决定系统演化的最终方向,但能对共生关系中的不履职行为起到一定的规制;共生意愿较低、共生收益分配不合理会致使共生关系向恶性方向发展,反之则有利于关系平衡,甚至促进系统向更高层级演化。可以从创业主体的共生环境适应能力、共生伙伴标识的匹配程度、共生主体的意愿提升、政府对共生环境的监管力度及共生收益的分配这 5 个方面来构建众创空间创业生态系统共生关系形成机制,如图 4-17 所示。

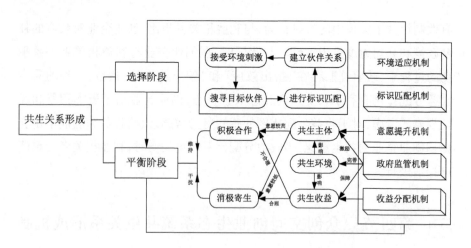

图 4-17　众创空间创业生态系统共生关系形成机制

一、 共生环境适应机制

众创空间创业生态系统作为一个复杂适应系统,其所具备的适应性决定了创业主体需要根据环境变化不断修正自身的行为决策,以更好地适应环境。共生主体对环境的适应体现在对技术的更新、空间文化的融入、金融支持的力度,以及政策法规变化等创业环境的识别和应对能力。众创空间创业生态系统共生环境的动荡使得创业主体面临两方面的挑战:一方面是难以准确和完整地掌握企业发展所需的资源信息;另一方面是企业竞争力将受到冲击,如新技术的出现会导致创业企业市场竞争力大大下降。因此,创业主体需要通过提升对共生环境的敏感度、保持创新创业的动力及构建共生利益共同体来增强自身对环境的适应能力。

首先,创业企业和利益相关者要提升对系统环境的敏感度。众创空间作为“双创”事业的载体,系统内会开展形式多样的创业活动,如科技成果转化推介与路演、人才服务机构见面会、创业补贴政策培训等。创业企业和利益相关者通过参与这类活动,可以及时且全面地了解系统当前的创业环境、区域创业政策、金融扶持力度、系统内企业资源等信息,并以此挖掘和建立可以提升创新能力、获取互补型技术、降低成本的共生关系。其次,系统内企业要始终保持创新创业热情,提升自身创新能力和对行业领先技术的掌握,从而强化企业的综合能力、市场竞争力和应对动荡环境的能力。最后,创业企业和利益相关者可以根据自身对于技术、客户群体、信息资源等的需求加入空间中的各类社群。通过将各创业群体所需的资源整合到一个社群中,空间中的资源供给方和需求方可以更便捷地建立共生伙伴关系,促进资源交流共享,形成相互信任且紧密联系的利益共生体,从而更有力地应对环境的变化,并减少遭遇危机时可能产生的损失,最终在此基础上形成相对完整的创业生态,使该创业领域成为一个产业。

二、 共生标识匹配机制

标识匹配反映了资源的合理配置程度,创业主体要明确自身优势,选择合适的共生伙伴。在众创空间创业生态系统主体的共生伙伴选择行为中,创业主体首先需在环境刺激下,明确自身所需资源、期望目标及选择标准。在此基础上,创业主体还需清晰地辨识自身和目标企业所拥有的标识,这也是企业进行伙伴选择的资本,通过交流和收集相应的信息来了解目标企业的意愿。在识别目标企业的标识信息和初始共生意愿之后,创业主体可根据伙伴选择标准进行初步筛选。在明确目标、需求、企业标识和共生意愿后,创业主体可通过评价目标企业所提供的相关信息,从中选择合适的共生伙伴。

此外,创业企业和利益相关者要加强自身"态""势"标识的构建,在进行共生伙伴互选时,要以兼容性和互补性为依据,避免资源的盲目获取和匹配。具体而言,众创空间创业生态系统内的创业企业要加强团队凝聚力,建立追求创新、坚毅诚信、团结协助、共创共享的企业文化。众创空间内初创企业的创业拼凑能力会直接影响其企业绩效,因此要提升创业企业资源拼凑和整合的能力,最大限度地发挥"双创"资源利用率。利益相关者要以服务创业企业为主要目标,提高与创业企业合作中的风险应对能力,根据行业和市场需求积极推广创业成果。在现实中,国内许多众创空间在完成对初创企业的聚集后,无法为其提供与之相匹配的创新资源或扶持机构,而仅仅以"房东"的形式存在,致使创业企业创新产出陷入困境,最终使众创空间的发展遭遇瓶颈。因此,众创空间运营方和相关中介机构要通过广泛开展调研,充分了解系统内创业企业的发展阶段和各利益相关方的服务特色及行业方向,以便在创业项目遇到瓶颈时能够及时、高效地"搭桥牵线",推荐匹配度高且兼容互补的服务资源,促进互惠共生关系的形成。

三、 共生意愿提升机制

众创空间创业生态系统内主体共生意愿低的原因有以下两个方面:一方面,由于系统生态不够完善,众创空间创业生态系统内未能形成一个资源交流、共享和转化的空间,部分规则信息披露体系尚不健全,致使创业企业和利益相关者之间信息流通受阻,创业主体间共生的积极性和意愿大大降低,通过故意隐瞒创业项目相关信息以谋取私利的寄生行为愈发严重;另一方面,在共生关系建立之后,众创空间无法积极提供配套设施或资源,使得企业产生疏离感,共生意愿下降,转而寻找其他资源互补企业甚至退出当前系统,致使共生关系出现矛盾乃至破裂。

对于创业企业而言,应努力从过去片面追求规模化增长转向深化与产业的结合,寻找差异化、打造特色化,快速实现自我迭代,提升共生能力,主动寻求合作机会并创新合作模式,承担起众创空间创业生态系统向共生共创方向发展的责任;对于利益相关者来说,应充分认识到创业活动所兼具的非对称性,以及众创空间创业生态系统作为复杂系统所呈现的非线性动态,激发自身服务意愿和内生动力,明确扶持创业活动是一项长期的系统工程,不能仅仅着眼于短时间的收益反馈。

政府和众创空间运营方应通过完善制度激励政策和空间文化,激励系统内创业主体建立良性共生关系,鼓励更多知名学研机构、中介机构和行业龙头企业入驻,营造高创新创业活力的空间文化氛围和多样化孵化环境,激发创业企业和利益相关者的共生意愿;空间运营方要积极搭建信息交流平台,同时以市场为媒介,推动共生主体间信息的流动和获取,确保"双创"资源在系统中能够被清晰地捕捉,从而加强共生单元间的沟通交流,防止因信息阻塞导致的共生意愿和积极性降低;众创空间创业生态系统可以通过创办专业化的专家问询组织,对当前系统内各企业共生进展进行跟踪,了解系统共生单元的利益诉求和资源需求,通过资源共享的中介机构或建立线上共享平台的方式,为共生主体创业项目的开展提供具有针对性且契合实际发展需求的建议。此外,还可以通过邀请创业导师和行业权威专家进行研究报告和"双创"政策的解读等引导舆论,为众创空间创业生态系统共生主体的行为决策提供专业建议,促进主体形成更为积极的共生意愿,科学提升众创空间创业生态系统内互惠共生的良好氛围。

四、 共生环境监管机制

根据上文仿真结果,政府监管对于共生关系的稳定具有积极影响。一方面,政府所提供的服务、场地、资金等资源会对初创企业所遭受的外部竞争压力起到缓冲作用,政府组织为众创空间创业生态系统引荐的高质量创业项目或举办的创新创业比赛,也能够发挥创业项目与孵化服务的桥接作用。因此,创业主体为获得政治认证、直接的政府补贴,以及中央或地方的政治连带会大大提升自身共生的积极性。另一方面,政府作为宏观调控主体,对众创空间创业生态系统共生主体进行适当监管,利用政策法规引导创业活动健康开展,能够减少共生单元间的利益摩擦,降低共生关系中的不稳定性及不确定性,推动创业企业与利益相关者之间实现共赢,达成互惠共生。

由政府主导的政策环境所提供的资源支持,可以提升创业生态系统环境可承载的企业数量,并促进创业孵化。众创空间创业生态系统内的创业企业由于自身资源禀赋有限、存在新进入缺陷及组织合法性低等问题,更加需要从政策环境中获取长期稳定的资源。政府部门需要持续且适度地对众创空间创业生态系统进行补贴,同时要避免以"养"代"补",政策的目标是为有潜力的企业提供支撑和扶持,而非无条件地供给企业生存所需。因此,政府要完善众创空间创业生态政策体系中的约束机制,以提升创新创业活力和壮大创新创业群体为目标,对众创空间内不合理、不作为、不履职的企业予以警告甚至清理,始终保持系统内崇尚创新、创业致富的价值导向及培育企业家精神的创业氛围。

五、 共生收益分配机制

利益分配的合理性与公平程度,对共生关系的平衡稳定起到一定作用,除此之外,它还具有提升主体共生意愿、提高共生收益的效果。利益分配失衡对共生关系的破坏表现为:共生主体之间利益分配不对称会致使其他共生主体的正当利益受损,例如,技术供给方可能由于对技术的垄断,期望从共有利益中获得更高的分配比例,从而出现利用法律漏洞或市场缺陷获取不正当利益的行为,侵犯其他主体利益;利益分配失衡还会导致原先的支持和激励力度减弱,共生系统中创业主体之间可能会出现信任危机,终止交易互动,寻求替代企业,从而加剧共生关系的不稳定。

一方面要完善共生主体对于共生收益的公平分配,另一方面需要遏制共生主体对于机会利益的谋求。首先,众创空间创业生态系统共生主体要形成一致的价值观和共生目标,重视各共生单元创业主体的利益诉求和共生需求,在共生关系形成时建立共生伙伴内部利益协调方案。其次,在合作过程中对利益分配进行动态管理,根据风险水平调整利益分配方案,提高主体间利益分配的公平度,确保共生关系的长期稳定。最后,根据政府对不履职行为所具备的规制作用,众创空间可以通过法律政策的宣传,适当运用政府制度、法律和规范来约束和惩戒可能损害共生利益分配的行为。

第五章

众创空间创业生态系统共生种群演化机制

　　上一章本书探讨了共生主体微观行为对共生关系形成的影响,在其基础上,本章将进一步探讨共生种群要素对系统演化方向的影响,实现研究视角由微观向中观的递进。众创空间创业生态系统具有生态学特征,结合种群生态学理论,本章对众创空间创业生态系统共生的种群演化机制展开探讨,以探索系统的共生路径。由于众创空间创业生态系统中资源的有限性,创业企业及其利益相关者种群规模的发展都会受到创业环境中各项资源的约束,具体体现在随着种群密度的增大,主体在系统中所能占有的资源减少,种群增长速度变缓,这与生态种群的演化过程类似。因此,本章采用生长函数模型刻画众创空间创业生态系统中创业企业和利益相关者种群共生演化的路径,根据共生理论的三要素和5个基本原理构建系统共生的种群演化动力机制;通过数值仿真的方法展示众创空间创业生态系统共生演化的路径,对影响系统演化方向的关键因素进行分析;最后以中关村创业生态系统为例,对其种群演化阶段进行分析和经验总结,并构建众创空间创业生态系统共生种群演化机制,以期为目前国内众创空间创业生态系统的发展提供经验参考。

第一节　众创空间创业生态系统共生种群演化分析基础

一、共生种群演化的分析逻辑

　　众创空间创业生态系统中的创业企业多为初创型企业,出于对资源的需求及提升自身竞争力的考量,它们往往需要引进新技术、开发新产品、招募合作伙伴。利益相关者包括高校、科研机构、投资机构、中介机构、平台运营方等创业扶持机构,它们通过提供技术专利、资金设备、人才培训等手段从外围协同创业企业,驱动众创空间创业生态系统的运行、演化和发展。创

业企业和利益相关者通过创业活动实现信息交流和物质能量转换,此乃众
创空间创业生态系统共生体的基础。共生环境包括能够对众创空间运行造
成影响的政府政策环境、区域经济环境及文化环境等。众创空间创业生态
系统良性的共生环境能够通过外部监管、内部治理、调节财政政策等形式维
护创业企业间的公平竞争,营造有利于创业投资的环境,为小企业及弱势群
体提供更丰富的创业机会,激励创新创业行为,促进众创空间创业生态系统
的不同种群向更高水平和层次演进。共生种群演化分析的基本逻辑是从共生
现象的识别着手,探寻主体之间的共生关系,判别系统所具备的共生特
征,最后进行共生模式演化分析,共生种群演化分析的基本逻辑如图 5-1 所
示。上一章分析了众创空间创业生态系统的共生关系,接下来将阐述共生
模式和共生系统的判定原理。

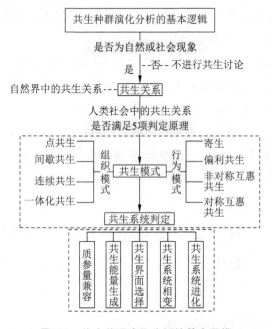

图 5-1　共生种群演化分析的基本逻辑

1. 共生模式

创业生态系统中,共生模式指创业企业与利益相关者相互作用与演进
的形式,包括行为模式和组织模式。共生行为模式表现为创业主体的数量
和种类从无到有、从少到多,从一方获益、一方受害的寄生模式,到一方获
益、另一方不受影响的偏利共生模式,进而演化到双方均获益但获益不对称

的非对称互惠共生模式,最终到实现双方对称获益的对称互惠共生模式。组织模式是指创业企业为实现自身目标或满足对资源的需求,与不同利益相关者合作的形式。从组织模式的角度划分,共生模式包括点共生、间歇共生、连续共生和一体化共生,这4种模式分别反映了创业企业与利益相关者共生的程度。众创空间创业生态系统内存在以随机性和不稳定性的创业活动为特征的"点共生"模式,以经常性的、在某一时间段多次发生的创业活动为特征的"间歇共生"模式,以连续时间较长的创新创业活动为特征的"连续共生"模式和以稳定的、长久的、全方位合作为特征的"一体化共生"模式。由于众创空间创业生态系统中每年入驻和孵化的创业项目自由度比较高,创业者和服务人员流动性大,存在大量跨平台流动的"点共生"和"间歇共生"现象,这两种组织共生模式是众创空间创业生态系统中最常见的。同时,系统中已经开始盈利的创业企业等共生主体之间也会形成相对稳定的合作共生关系,即"连续共生"模式。

根据共生系统不同的组织和行为模式可以组合出16种共生状态,如图5-2所示。多样性的组合使得众创空间创业生态系统内的共生种群之间形成了关系复杂交错的共生系统。其中点S(对称互惠共生,一体化共生)为众创空间创业生态系统所追求的最理想目标,在这种情况下,共生主体利益分配合理,共生关系稳定且紧密,共生种群类型和规模完善,创业企业与利益相关者实现共进化状态。

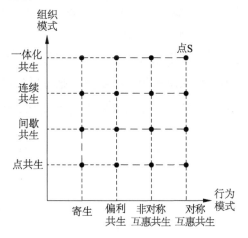

图5-2　16种共生状态

2. 共生系统判定

共生系统判定的 5 项基本原理对于判断种群之间是否存在共生性具有参考价值,结合众创空间创业生态系统共生特征,本书对其阐述如下:

质参量兼容原理。将每个共生种群投入和产出的物质、信息及能量定义为质参量,共生单元之间的质参量可以互相流动和转化的这一特质即为质参量兼容。在众创空间创业生态系统种群共生演化过程中,创业企业投入资金、管理、人才等,兼容利益相关者投入场地、设备、技术等要素,通过创业活动产出利润、人才、服务等。创业企业与利益相关者之间存在多种质参量兼容关系,符合质参量兼容原理。

共生能量生成原理。共生能量生成指共生种群之间通过共生关系,产生新的能量,体现在共生单元协同效率的提高和效益的提升,以及共生系统密度的增强和容量的扩张。创业企业与利益相关者协作有助于促进知识转移和价值创造,增加众创空间创业生态系统内部创新创业企业的数量,提高其质量,促使创业行为规模化,巩固众创空间创业生态系统整体的承载力及风险应对能力。

共生界面选择原理。众创空间创业生态系统内的共生界面包括产学研对接平台、技术转移中心等有形界面和行业准入标准、行业技术规范等无形界面。该原理旨在强调系统共生演化过程中共生界面的重要性,特定区域或特定产业集聚的众创空间创业生态系统通常需要遵循特殊的行业标准和地区规范,遵照更广泛的标准意味着创业成果的市场兼容率会更高,创业生态系统内种群规模更大,种群间的互动程度更深。

共生系统相变原理。共生系统相变指根据共生行为的转变,共生关系可能从一种状态向另一种状态转化。在创业企业与利益相关者的共生关系中,随着创业活动的推进,其间共生模式可能从偏利共生进化为非对称性互惠共生,并向更高层次的共生模式演进。

共生系统进化原理。指共生系统内各主体的共同目标是共生进化,共生进化的最高层次是对称互惠共生,任何系统都将向着对称互惠共生模式逐渐演进。在众创空间创业生态系统中,创业企业与利益相关者出于对自身利益的谋求,偏离对称互惠共生方向的伙伴关系会随着合作动力的衰减而逐渐走向破裂。

综上,本书认为在众创空间创业生态系统中,创业企业与利益相关者两大种群之间存在共生性,即通过各种共生模式在所形成的共生界面上从事创业活动和价值获取,并通过复杂交互的共生关系促进系统演进。

二、共生种群演化的研究方法

众创空间创业生态系统共生的种群演化,主要表现为随着时间的推移种群之间相互作用所产生的创业生态系统在发展阶段、结构和模式等方面的进化和演变。在自然生态系统中,单个种群的演化方式一般分为两种:一是理想化的种群演化方式,该演化方式是不受资源影响的 J 型增长模式,即指数增长模式(Exponential Growth);二是受资源约束的 S 型增长模式,即Logistic 增长模式(Logistic Growth),其关注点在于系统并非不受限制地无限增长,而是受外界环境、资源和人为因素的影响,利用 Netlogo 6.0.4 模拟两种演化模式,如图 5-3 所示。由于众创空间创业生态系统是一个典型的人文社会系统,其种群演化不可避免地受到外界各类政策、文化和资源的影响,本书认为各种群独立演化模式满足 Logistic 增长模式。

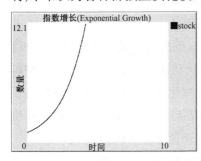
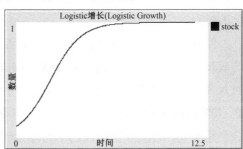

图 5-3　种群演化的指数增长和 Logistic 增长模式

Logistic 增长模型在生态学中用于表示种群增长率、环境容量对种群发展的影响机制,Lotka-Volterra 模型是 Logistic 增长模型的扩展,最早被应用于生态学领域,是用于描述种群之间相互作用关系的数理模型。随着学科交叉的进展,Lotka-Volterra 模型逐渐被运用到社会学和经济学领域。学者们运用该模型对软件产品共生、交通基础设施生态系统、大数据联盟数据资源的演化等复杂系统展开了研究。根据第三章的论述,众创空间创业生态系统的发展具有自然生态系统特性,其自组织演化是在创业环境的约束下,通过遗传、变异、选择、竞合等方式进行演进,与其他具有耗散结构的复杂系统演化方式类似,都遵循 Logistic 发展机制,可以认为,将 Lotka-Volterra 模型应用于众创空间创业生态系统共生的种群演化机制研究具有充分的研究依据和较高的适配性。

第二节　众创空间创业生态系统共生种群演化模型研究

一、共生种群演化的研究假设

假设1:众创空间创业生态系统包括创业企业种群和利益相关者种群两大共生种群,创业企业种群中存在 m 个创业企业 $E_m(m=1,2,3,\cdots,i)$,利益相关者种群中有 n 个利益相关者 $S_n(1,2,3,\cdots,j)$。创业企业与利益相关者各自的种群数量受创业政策、园区文化、资源条件等内外部环境的制约,良性共生的众创空间创业生态系统会经历从形成、成长、成熟,最后走向一体化的过程。

假设2:以创业企业 E_m 和利益相关者 S_n 的种群规模变化表示各类种群的成长状况。规模越来越大表示该种群成长状况良好,众创空间中的种群对系统内创新创业资源的利用率高,在共生演化中所获取的收益也越大;反之,若种群规模越来越小,则表明创业企业或利益相关者趋向衰退,创业资源利用率低。若创业资源利用率为零,则表示该种群消亡。

假设3:创业企业与利益相关者各自质参量独立时的增长符合 Logistic 模型增长。在演化过程中,种群增长率受到各种群密度的影响,当某类种群密度增加,竞争加剧,会导致该种群增长率下降。

假设4:当创业企业或利益相关者的边际成本与边际收益相等时,为种群演化模型的均衡点,此时创业企业或利益相关者种群停止增长,种群规模达到最大。

假设5:创业企业与利益相关者种群共生演化过程中,彼此的存在会对对方成长起促进或抑制作用。在 Lotka-Volterra 模型中,共生系数为正时共生种群受益,共生系数为负时共生种群受损。

二、共生种群演化的模型构建

Logistic 模型最初被应用于人口数量的估测,随后被广泛应用于种群生态学和社会学研究。其微分方程表达式为:

$$\begin{cases} \dfrac{\mathrm{d}N(t)}{\mathrm{d}t} = \alpha\left(1 - \dfrac{N(t)}{N^*}\right)N(t) \\ N(t_0) = N_0 \end{cases} \tag{5-1}$$

该表达式中 $N(t)$ 表示第 t 个周期时的种群规模,α 为种群的自然增长率,初始周期 $t_0 = 0$,N^* 为种群在资源和环境允许情况下的最大成长规模,$\left(1 - \dfrac{N(t)}{N^*}\right)$ 则表示种群最大可利用空间中未使用的部分。通过分离变量解得上式:

$$N(t) = \dfrac{N^*}{\left(\dfrac{N^*}{N_0} - 1\right)e^{-t\alpha} + 1} \tag{5-2}$$

不难发现,式(5-2)中随着自变量 t 的增长,$N(t)$ 无限趋向于最大成长规模 N^*,与初始周期 t_0 下的规模 N_0 无关,$N(t)$ 取值范围为 $(0, N^*)$,为研究其形态,求其二阶导数如下:

$$\dfrac{\mathrm{d}^2 N(t)}{\mathrm{d}t^2} = \alpha^2 N(t)\left(1 - 2\dfrac{N(t)}{N^*}\right)\left(1 - \dfrac{N(t)}{N^*}\right) \tag{5-3}$$

当 $N(t) \in \left(0, \dfrac{N^*}{2}\right)$ 时,$\dfrac{\mathrm{d}^2 N(t)}{\mathrm{d}t^2} > 0$,$N(t)$ 为 $\left(0, \dfrac{N^*}{2}\right)$ 上的凹函数;当 $N(t) \in \left(\dfrac{N^*}{2}, N^*\right)$ 时,$\dfrac{\mathrm{d}^2 N(t)}{\mathrm{d}t^2} < 0$,$N(t)$ 为 $\left(\dfrac{N^*}{2}, N^*\right)$ 上的凸函数,种群规模上升趋势变缓,同类种群之间呈现阿利氏规律[1],自然增长率 α 受到限制。Logistic 模型大致图像如图5-4所示。

---

[1] 阿利氏规律指任何种群均有一个最适宜的种群密度,种群过密或过疏都可能对其发展产生不利影响。

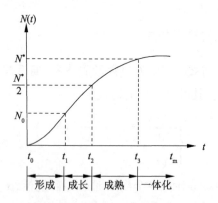

图 5-4　众创空间创业生态系统种群演化的 Logistic 曲线

　　类似地,众创空间创业生态系统中两类种群独立存在时的动态演化方程可表示为:

$$\begin{cases} \dfrac{\mathrm{d}N_1(t)}{\mathrm{d}t} = \alpha_1 N_1(t)\left(1-\dfrac{N_1(t)}{N_1^*}\right), N_1(t_0) = N_{10} \\[3mm] \dfrac{\mathrm{d}N_2(t)}{\mathrm{d}t} = \alpha_2 N_2(t)\left(1-\dfrac{N_2(t)}{N_2^*}\right), N_2(t_0) = N_{20} \end{cases} \tag{5-4}$$

　　其中,$N_1(t)$ 和 $N_2(t)$ 分别表示创业企业和利益相关者的质参量,主要用来描述两大种群的成长规模,N_1^* 和 N_2^* 表示质参量最大值,即创业企业和利益相关者的成长最大规模,N_{10} 和 N_{20} 为两类种群的初始规模,α_1 和 α_2 分别为各自的自然增长率 $(a_1>0, a_2>0)$,$\left(1-\dfrac{N_1(t)}{N_1^*}\right)$ 和 $\left(1-\dfrac{N_2(t)}{N_2^*}\right)$ 为 Logistic 系数,分别表示创业企业和利益相关者的产出水平中未体现部分在产出最大值中所占的比例,即由于资源环境的约束,自然增长饱和度对创业企业和利益相关者各自规模增长所产生的阻滞作用。

　　根据前文分析,两类种群在发展过程中会经历从一种共生模式向另一种共生模式的转变,体现出不同的共生效应,形成不同的共生关系。当众创空间创业生态系统中两类种群相互作用时,每一类单元的增长不仅受自身种群规模的影响,也与另一类共生单元的种群规模相关。根据 Lotka-Volterra 模型,笔者引入共生系数 δ 以反映彼此之间共生效应的大小。基于此,创业企业与利益相关者相互作用的演化动力模型可以表示为:

$$\begin{cases} \dfrac{\mathrm{d}N_1(t)}{\mathrm{d}t} = \alpha_1 N_1(t)\left(1 - \dfrac{N_1(t)}{N_1^*} + \delta_{21}\dfrac{N_2(t)}{N_2^*}\right), N_1(t_0) = N_{10} \\[3mm] \dfrac{\mathrm{d}N_2(t)}{\mathrm{d}t} = \alpha_2 N_2(t)\left(1 - \dfrac{N_2(t)}{N_2^*} + \delta_{12}\dfrac{N_1(t)}{N_1^*}\right), N_2(t_0) = N_{20} \end{cases} \qquad (5\text{-}5)$$

共生作用系数 δ_{12} 和 δ_{21} 分别表示创业企业(利益相关者)对利益相关者(创业企业)的共生效应,即质参量 $N_1(t)$ $[N_2(t)]$ 会引起质参量 $N_2(t)$ $[N_1(t)]$ 的变化,$\delta_{21}\dfrac{N_2(t)}{N_2^*}$ 和 $\delta_{12}\dfrac{N_1(t)}{N_1^*}$ 为双方造成影响的程度,δ_{12} 和 δ_{21} 的不同取值反映了众创空间创业生态系统中两类共生种群的共生模式。

三、共生种群演化的模式分析

探讨两大种群相互作用的 Logistic 模型及其种群演化时,需考虑 δ_{12} 和 δ_{21} 的不同取值范围。

1. 独立共存模式

δ_{12} 和 δ_{21} 均为零,创业企业和利益相关者互不影响、独立发展,不存在共生关系,该情况在众创空间创业生态系统中属于一种非正常的存在现象,极少出现。

2. 竞争共存模式

当 δ_{12} 和 δ_{21} 均小于零时,种群之间呈现竞争共存模式,不存在共生关系。在众创空间创业生态系统中,当创业企业与利益相关者属于同类企业,或者创业企业避开园区利益相关者通过其他渠道获取资源时,可能产生竞争共存模式。

3. 寄生模式

当 δ_{21} 和 δ_{12} 一个大于零、一个小于零时,种群演化呈现寄生状态。在众创空间创业生态系统中多表现为创业企业对利益相关者所提供的相关资源的无偿占用,创业企业受益,而利益相关者单方面受害,此时共生系数 $\delta_{21} > 0$,$\delta_{12} < 0$。这类共生关系往往出现在众创空间创业生态发展初期,创业投资机构无偿供给设备、资金、人才等资源以促进初创企业孵化发展,预期在未来获得创业投资回报,从而形成寄生关系。

4. 偏利共生模式

创业企业和利益相关者之间的共生系数一个等于零,另一个大于零。假设 $\delta_{21} > 0, \delta_{12} = 0$。这种共生模式可能形成于众创空间创业生态系统的成长期,利益相关者吸收了创业活动的初期回报,消除了寄生关系中所承受的损失,而创业企业通过共生关系中获得的支持,扩大了自身规模,持续获得增长。

5. 互惠共生模式

共生系数 δ_{21} 和 δ_{12} 均大于零,这种共生模式多出现于众创空间发展成熟阶段,创业企业和利益相关者互惠互利,形成规范有序的共生体。其中,δ_{21} 和 δ_{12} 不相等时为非对称互惠共生,相等时为对称互惠共生模式。

由此可见,众创空间创业生态系统中两类种群的共生模式取决于共生作用系数的取值范围。下面对动态演化方程的均衡点及稳定性条件进行分析,同时对两类共生单元的共生演化结果进行探究。

令式(5-5)中的 $\dfrac{\mathrm{d}N_1(t)}{\mathrm{d}t} = \dfrac{\mathrm{d}N_2(t)}{\mathrm{d}t} = 0$,此时为稳定水平,得出创业企业和利益相关者共生演化的 4 个局部均衡点,分别为 $E_1(0,0)$,$E_2(N_1^*,0)$,$E_3(0,N_2^*)$ 和 $E_4\left(\dfrac{N_1^*(1-\delta_{21})}{1-\delta_{21}\delta_{12}}, \dfrac{N_2^*(1-\delta_{12})}{1-\delta_{21}\delta_{12}}\right)$。对均衡点的稳定性分析需要得到方程的 Jacobi 矩阵[①]。对式(5-5)依次求其关于 N_1 和 N_2 的偏导数,得出众创空间创业生态系统中两类共生单元之间共生演化的 Jacobi 矩阵为:

$$\begin{bmatrix} \alpha_1\left(1-2\,\dfrac{N_1(t)}{N_1^*}-\delta_{21}\,\dfrac{N_2(t)}{N_2^*}\right) & -\alpha_1\delta_{21}\,\dfrac{N_1(t)}{N_2^*} \\ -\alpha_2\delta_{12}\,\dfrac{N_2(t)}{N_1^*} & \alpha_2\left(1-2\,\dfrac{N_2(t)}{N_2^*}-\delta_{12}\,\dfrac{N_1(t)}{N_1^*}\right) \end{bmatrix} \tag{5-6}$$

利用 Jacobi 矩阵判断均衡点是否处于稳定状态,将行列式和矩阵的迹分别记作 $Det(J)$ 和 $Tr(J)$,当系统均衡点使得 $Det(J) > 0$,$Tr(J) < 0$ 时,该均衡点处于稳定状态,系统共生演化各均衡点及其稳定条件如表 5-1 所示。

---

① Jacobi 矩阵是指在向量微积分中,一阶偏导数以一定方式排列成的矩阵。

表 5-1　种群演化均衡点及其稳定条件

均衡点	$Det(J)$	$Tr(J)$	稳定条件
$E_1(0,0)$	$\alpha_1\alpha_2$	$\alpha_1+\alpha_2$	不稳定
$E_2(N_1^*,0)$	$-\alpha_1\alpha_2(1-\delta_{12})$	$-\alpha_1+\alpha_2(1-\delta_{12})$	$\delta_{12}>1$
$E_3(0,N_2^*)$	$-\alpha_1\alpha_2(1-\delta_{21})$	$-\alpha_2+\alpha_1(1-\delta_{21})$	$\delta_{21}>1$
$E_4\left(\dfrac{N_1^*(1-\delta_{21})}{1-\delta_{21}\delta_{12}},\ \dfrac{N_2^*(1-\delta_{12})}{1-\delta_{21}\delta_{12}}\right)$	$\dfrac{\alpha_1\alpha_2}{1-\delta_{12}\delta_{21}}(\delta_{12}-1)(\delta_{21}-1)$	$\dfrac{\alpha_1(\delta_{21}-1)+\alpha_2(\delta_{12}-1)}{1-\delta_{12}\delta_{21}}$	$\delta_{12}<1,\delta_{21}<1$

第三节　众创空间创业生态系统共生种群演化仿真分析

　　两大种群在众创空间创业生态系统中分工与合作创造新的价值,产生新的创新创业资源,通过资源的再利用,促进种群共生模式的演化,扩大和提升众创空间创业生态系统规模和运行效率。本书利用 matlab 软件对式(5-5)进行仿真,探讨在 δ_{12} 和 δ_{21} 不同取值条件下,创业企业与利益相关者两大种群之间是如何相互作用、演化共生的。

　　由于国内大部分众创空间发展时间较短,数据披露不完整,为尽可能地使取值具有现实性,同时考虑数据的可得性和代表性,笔者选择以中关村创业生态系统 2016—2020 年创业企业、大学科技园、留学创业园、创新型孵化器、科技企业孵化器数据作为本书种群规模增长率的取值,中关村创业企业数量平均增长率作为本书创业企业种群自然增长率;大学科技园、留学创业园、创新型孵化器和科技企业孵化器平均增长率作为本书利益相关者种群自然增长率,计算得 $\alpha_1=0.08,\alpha_2=0.06$。本书采用四阶—五阶 Runge-Kutta 算法[①]进行数值求解,两类共生种群在资源和环境允许情况下的最大成长规模 $N_1^*=N_2^*=1000$,两类共生种群的初始规模 $N_{10}=N_{20}=50$,迭代周期 t 设

---

　　① Runge-Kutta 算法是用于非线性常微分方程的解的一类隐式或显式迭代法。

为1000,接下来就不同共生系数下的演化结果进行分析。

一、 共生种群演化的模式仿真

1. 独立共存模式

图5-5展示了众创空间创业生态系统中两类共生种群独立共存模式下的仿真结果。在这种模式下两者之间不存在共生关系,创业企业与利益相关者之间的共生系数为零,即 $\delta_{12}=\delta_{21}=0$。从图5-5可以看出,在这种模式下,两类共生单元成长速度互不影响,成长规模仅受自身增长率的影响。在独立共存模式下,稳定均衡点为 (N_1^*, N_2^*),即当两类共生单元处于均衡条件时,其成长规模达到上限。这种模式在众创空间创业生态系统中通常并不存在。创业活动不仅与创业企业有关,还涉及系统内的各类主体,故而此类模式非常罕见,并且是不长久、不稳定的。

2. 竞争共存模式

取 $\delta_{12}=-1.3$,$\delta_{21}=-0.3$,众创空间创业生态系统演化过程中,另一种不存在共生关系的模式是竞争共存。如图5-6所示,此时的创业企业与利益相关者的共生系数均小于零,且创业企业对利益相关者的共生系数小于−1,稳定均衡点为 $(N_1^*, 0)$,该模式可能存在于创业企业拥有更好的其他渠道资源、技术,或者创业企业与利益相关者属于同质企业的情形中,利益相关者由于被消耗大量资源而趋向衰亡,创业企业得以生存下来。但由于彼此间的相互竞争导致创业企业自身也受到了损耗而难以超过其约束条件下的最大规模 N_1^*。

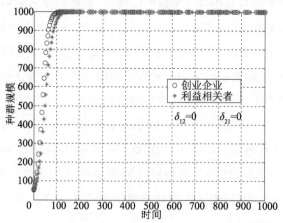

图5-5 独立共存模式

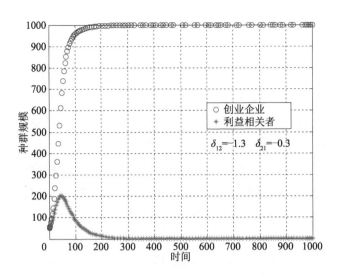

图 5-6　竞争共存模式

3. 寄生模式

取 $\delta_{12}=-0.3,\delta_{21}=0.3$,满足 $-1<\delta_{12}<0,0<\delta_{21}<1$,图 5-7 展示了众创空间创业生态系统中两大种群寄生模式的仿真结果。在该模式中,利益相关者对创业企业产生正向效应,而创业企业无法给予利益相关者对等的回报于是对其造成负效应。此时的稳定均衡点为 $\left(\dfrac{N_1^*(1-\delta_{21})}{1-\delta_{21}\delta_{12}},\dfrac{N_2^*(1-\delta_{12})}{1-\delta_{21}\delta_{12}}\right)$,可以看出,均衡条件下创业企业的成长规模上限超过其最大成长规模 N_1^*,而利益相关者由于受到创业企业的消耗而有所衰落,其成长规模远低于其所能达到的最大规模 N_2^*。除上述由于创业阶段尚未产生回报所导致的寄生模式以外,根据第四章的分析,本书得出主体意愿不足、利益分配不均和政府监管不当均会导致寄生关系的产生,其反映了国内众创空间发展存在的普遍问题:① 部分企业抱有投机心理,创业企业会以政府补贴代替自身的双创资源投入,积极参与协同创新实现互利共生的意愿降低;② 地方政府部门或园区管委会多采取"模糊政策"推动"双创"事业,一味地"鼓励""支持""允许""引导"导致了后续众创空间治理方式和治理力度大打折扣。

4. 偏利共生模式

取 $\delta_{12}=0,\delta_{21}=0.3$,图 5-8 展示了创业企业与利益相关者偏利共生模式的仿真结果。在该模式中,利益相关者与创业企业之间共生系数一个小于零,另一个等于零。此时的稳定均衡点为$[N_1^*(1-\delta_{21}),N_2^*]$,共生关系所带来的收益使得利益相关者在寄生共生模式中受到的损害得到了弥补,其成长规模回到了独立成长时的最大质参量N_2^*。而创业企业通过共生关系持续获益,超出了独立成长时的最大成长规模N_1^*。偏利共生模式下,创业企业持续从利益相关者那里获取技术、资金、设备等支持,并逐渐回报利润、人才、服务以补偿利益相关者前期的投入,两类共生单元度过了创业活动最艰难的时期,进入成长期。但因为在众创空间创业生态系统种群共生演化过程中,政策和利益的反馈均有一定时效性,尤其是政府补贴的影响效果在时间维度上具有滞后性特征,导致企业创业前期与利益相关者之间呈现偏利共生模式。

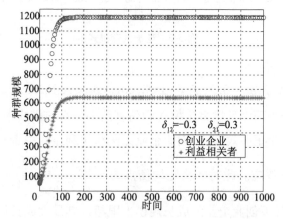

图 5-7　寄生模式

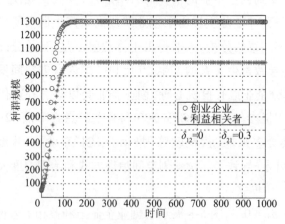

图 5-8　偏利共生模式

5. 非对称互惠共生模式

取 $\delta_{12}=0.2, \delta_{21}=0.3$，图 5-9 所示为创业企业与利益相关者非对称互惠共生演化的仿真结果。非对称互惠共生模式中,两类共生单元间的共生系数均大于零但不相等。此时的稳定均衡点为 $\left(\dfrac{N_1^*(1-\delta_{21})}{1-\delta_{21}\delta_{12}}, \dfrac{N_2^*(1-\delta_{12})}{1-\delta_{21}\delta_{12}}\right)$，两类共生单元的成长规模均超过了各自资源环境约束下独自发展的最大规模,各共生种群规模上限与共生系数有关,共生系数值越大,其成长规模上限越高。同时由于利益相关者资金技术的回笼,该类企业在系统中有了更多的选择空间,加之自身较高的自然增长率,成长势头得以加速。此时,众创空间创业生态系统演化逐渐进入成熟期,创业企业与利益相关者两大种群共生演化开始迈入共赢模式。

6. 对称互惠共生模式

取 $\delta_{12}=0.3, \delta_{21}=0.3$，满足两类共生种群的共生系数均大于零且相等。如图 5-10 所示,两大种群的成长规模不仅超过了各自独立发展时的最大质参量,而且发展规模趋于一致。在对称互惠共生模式中,创业企业与利益相关者之间共生关系紧密,彼此促进,相互依赖,具有良好的协调互助机制及资源共享机制,能够超越双方独占资源时的最大规模,最终实现"1+1>2"的经济效益,对称互惠共生模式乃是共生演化过程中追求的最高层次。就目前国内众创空间发展状况而言,由于大部分众创空间都是应政策而生,运行时间尚短,能够达到这种理想状态的众创空间创业生态系统极为罕见。

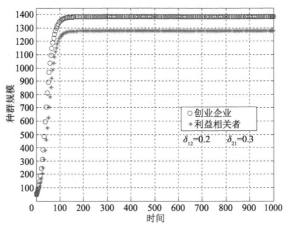

图 5-9　非对称互惠共生模式

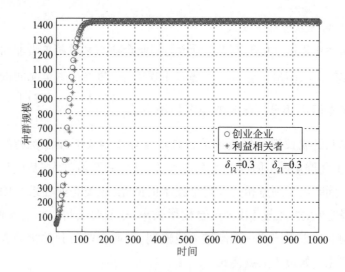

图 5-10　对称互惠共生模式

二、共生种群演化状态的影响因素讨论

命题 1：众创空间创业生态系统种群共生演化模式与共生系数有关。

证明：根据图 5-5 至图 5-10 可得，共生系数的大小和正负会直接影响种群共生演化模式，不同的共生关系将促使众创空间创业生态系统朝着不同的方向演化，最终实现均衡状态，命题 1 得证。

命题 2：互惠共生模式下，共生系数越大，种群成长规模上限越高。

证明：为验证共生系数对种群成长规模的影响，控制两类种群的自然增长率 $\alpha_1 = \alpha_2 = 0.05$，其他参数与前文设置保持不变。如图 5-11 所示，通过改变种群共生系数可以发现，众创空间创业生态系统中创业企业和利益相关者两类种群随着 δ_{12} 和 δ_{21} 的增加，种群规模上限提高，并且利益相关者种群规模增长速度比创业企业快，会更快达到稳定均衡点。这反映了当众创空间内具有高知识交流和资源共享意愿的创业企业越多，就越容易吸引更多的投资者、赞助商和技术提供者。这也体现了众创空间中以创业企业为核心，对利益相关者的集聚效应。综上，在互惠共生模式下，共生系数值越大，共生种群规模上限越大，众创空间创业生态系统边界得以开拓，更容易吸引优质企业和创业扶持机构，促进行业集群化的形成，命题 2 得证。

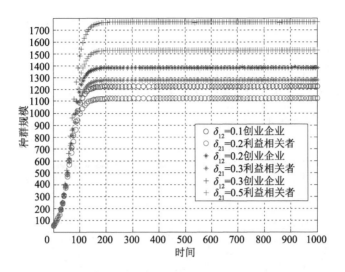

图 5-11　不同共生系数下种群成长规模

命题 3:种群初始规模不会对共生演化最终均衡值起决定作用。

证明:控制 $\delta_{12} = 0.2$, $\delta_{21} = 0.3$, 其他参数取值同初始设定, 分别取 $N_{10} = N_{20} = 100, 300, 500$ 三种不同情形, 检验种群初始规模对共生演化均衡值的影响。根据图 5-12 可知, 无论是创业企业还是利益相关者, 种群的初始规模越大, 就会越早达到演化均衡点, 但种群初始规模的大小均不会影响两类种群最终各自的演化均衡点, 即种群演化的最终规模。这意味着众创空间创业生态系统内初始入驻的企业越多, 就会通过创业网络更高效地促进众创空间吸引更多的创业企业与异质性利益相关者不断联结, 进而形成正式网络和非正式网络, 初始节点越多, 在相同的发展时间内, 形成的创业网络就会越多。

但是初始种群大小不会影响系统成长的最终规模和最终状态, 如图 5-13 所示, 其他参数设置不变, 当 $N_{10} = N_{20} = 500$ 时, 取 $\delta_{12} = -0.3$, $\delta_{21} = -0.5$, 此时, 虽创业企业和利益相关者初始种群规模很大, 初始发展速度也很快, 但众创空间创业生态系统会很快达到"天花板", 进入发展瓶颈, 此时, 若创业主体不积极调整各自的共生关系, 园区和政府不介入管理, 众创空间创业生态系统的发展甚至会走下坡路。这说明, 众创空间创业生态系统能否良性共生发展受到环境、政策、资源等多方面共同作用, 一个曾经发展势头良好、种群密集的众创空间创业生态系统也可能于一朝没落。如应"双创"政策而生的上海聚梦空间,在发展的头两年就已覆盖上海市 70 余处核心商圈,建立了 22 个服务中心,为 1000 多家企业提供办公服务,却最终于 2019 年 5 月陷入破产清算危机,这无疑给国内众创空间的发展敲响了警钟。相比较数量上的"聚集",质量上创新思想的交流和"聚集"显得更加关键。

综上,命题 3 得证。

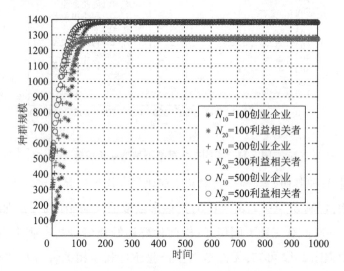

图 5-12　不同初始规模下的种群演化仿真

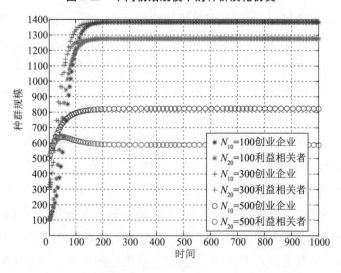

图 5-13　改变 $N_{10}=N_{20}=500$ 下的共生系数取值

命题 4：种群自然增长率不会对共生演化最终均衡值起决定作用。

证明：保持其他初始参数设定不变，分别取 $\delta_{12} = 0.06$，$\delta_{21} = 0.04$；$\delta_{12} = 0.08$，$\delta_{21} = 0.06$；$\delta_{12} = 0.1$，$\delta_{21} = 0.08$ 三种不同情形，检验种群自然增长率对系统共生演化均衡点和演化方向的影响，如图 5-14 所示。易得，自然增长率的增加，只会影响种群共生演化的速度，不会对演化方向和最终所能达到的最大规模造成影响。这也侧面反映了目前国内众创空间存在的一个普遍现象：许多众创空间的运营模式是"二房东"的形式，以出租的形式给初创企业提供场地，其入驻企业以传统的小企业居多，虽入驻企业增长快数量多，但创新性产出不够，忽视了众创空间生态化、有机化和特色化的打造。命题 4 得证。

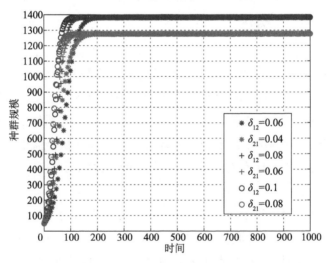

图 5-14　不同自然增长率下的种群演化仿真

根据以上分析可以发现，众创空间创业生态系统是通过创业企业与利益相关者共生种群演化形成的复杂系统，创业企业与利益相关者之间共生作用系数的大小决定了系统的不同演化模式。种群共存模式是众创空间创业生态系统中种群共生关系从无到有必然会经历的阶段；寄生模式反映了创业企业种群对利益相关者供给资源的过度依赖；在偏利共生模式下，两大种群均积极参与共生，但由于创业活动是一项长期的系统工程，短期内"双创"资源的投入尚未形成良性的利益反馈机制；在互惠共生模式下，两类共生种群的成长幅度最大，是众创空间创业生态系统共生种群演化的最佳方向。

同时,根据共生种群演化模式的不同,种群成长规模也有所差别,在共存模式下,无论是创业企业还是利益相关者均无法超过系统内种群演化的最大规模,发展具有很大的局限性。而在共生模式下,由于不同企业间的相互交流,产生了知识的创造和累积,出现了众创空间创业生态系统特色行业内乃至不同行业间的知识溢出效应,促使创业企业和利益相关者种群规模突破独自发展时的最大规模,产业集群现象明显。无论是种群初始规模还是自然增长率都只会影响种群的生长速度,而不会对系统的最终演化方向和规模起决定性作用。

第四节 众创空间创业生态系统共生种群演化机制构建

关于众创空间创业生态系统共生种群演化机制的构建,涉及系统随时间演化的探索。在这一小节中,本书将对中关村创业生态系统种群演化的情形进行分析,结合前文研究结果,总结中关村创业生态系统从形成到成熟的演化经验,以期为国内发展相对年轻的众创空间提供经验借鉴。值得一提的是,中关村并不是传统意义上的众创空间,选择对其进行分析有以下几点原因:

首先,内容的适配性。本书研究的目的旨在为国内尚不成熟的众创空间发展成互惠共生的创业生态系统提供帮助,不仅仅局限于联合办公等形式,而是要形成创业主体种类众多、"双创"活力高度活跃、各类创业企业和利益相关者互惠共生的创新创业生态。学习中关村成功经验,更有利于后续提出科学化的对策建议,符合本书的研究目的。

其次,案例的代表性。中关村创业生态系统的最初形态是一个创业服务中心,如今已经发展成国内创新创业孵化的标杆,其在政府主导下的发展进程有一定的代表性,是国内众多创业平台学习的对象。

最后,资料的可得性。中关村创业生态系统的相关文献、专著、新闻资料及年鉴数据较丰富,尤其是中关村科技园区管理委员会自 2008 年起编撰的《中关村年鉴》及尹卫东等所著的《中关村模式——科技+资本双引擎驱动》一书,使笔者能够较为全面地掌握中关村创业生态系统的信息,满足本书的研究需求。

此外,已有学者把中关村作为一个兼具交易和创新属性的一类众创空间展开研究,中关村模式和小镇模式、孵化器模式的众创空间在形态上有差异,但本质上并无根本区别,可以将中关村创业生态系统视作孵化器模式众创空间的集聚,是一种具备多层次嵌套结构的综合生态型众创空间。

一、 中关村创业生态系统共生种群演化分析

中关村是我国第一个国家自主创新示范区,其在以"市场导向、服务优先、以人为本、创业文化"为特征的政策土壤中,形成了成熟的中关村创新创业生态系统,为创业企业营造了宽松的创业成长空间。20世纪80年代末,中关村创业生态最初以创业服务中心的形式成立,步入21世纪开始进入高速成长阶段。如今,中关村创业生态系统内创业主体和孵化主体大量涌现,种群数量和规模持续扩大,创业孵化形式和能力不断提升,这些使得中关村创新创业生态体系日趋完善,同时也使中关村变成了中国创新创业孵化的"策源地"。中关村创业生态系统种群演化关键事件时间轴如图5-15所示。

1. 第一阶段:1982—1988年

中关村诞生的第一个创业企业,是1982年12月由中国科学院电子计算机研究所王洪德教授与七位技术人员自主创新组建的北京京海计算机机房科技开发有限公司(简称京海公司),成立之初的京海公司没有银行贷款,没有国家投资,仅靠创业者自身的技术创办并发展。后来,在国家启动科技体制改革和世界新兴技术冲击的大环境下,各类科技型人才通过主动辞职或在领导批准下兼职等形式开展科技型创业,出现了以"两海两通"为代表的具备鲜明科技特征的民办企业,标志着"中关村电子一条街"的形成。

截至1987年年底,"中关村电子一条街"中的各种高新技术公司已近150家,从业人员达5000多人,主要从事微机系统和电子信息技术的研制开发与推广应用,总收入超过9亿元。"中关村电子一条街"的发展带动了新技术产业的发展,促进了人才流动,同时也积累了大量财富。这一系列积极的变化引起了国务院和北京市政府各级领导的关注和重视。但当时的国家体制计划中并未纳入这类企业,导致他们只能通过提供技术服务、产品代理、增值产品开发等业务完成创业的原始积累。

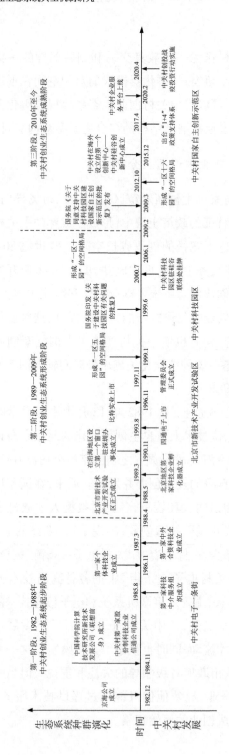

图 5-15 中关村创业生态系统种群演化关键事件时间轴

资料来源:根据 2008—2021 年《中关村年鉴》及《中关村模式:科技+资本双引擎驱动》的阅读整理

早期阶段,中关村内企业之间联系松散,尚未呈现规模化,除极少数企业间的联合之外,基本谈不上彼此资源的互利共享,既未能形成全行业技术创新与商务运作上的高效合作,也没有创业创新生态系统多方面的支撑,与"中国硅谷"的期望相去甚远。但早期京海、四通等民办科技企业的创办为后续中关村创业生态系统以科技型企业为特色的发展方向奠定了基础。

2. 第二阶段:1989—2009 年

1988 年 5 月,"中关村电子一条街"在经过一段时间的发展之后,吸引了政府的关注,国务院办公厅宣布批复并公布了《北京市新技术产业开发试验区暂行条例》,国内首个国家级高新技术产业开发区的诞生,促使中关村创业生态系统迈入了新的发展阶段。20 世纪 90 年代,随着互联网浪潮的到来,风险投资驱动的创业新机制成为彼时中关村最大的突破,计算机制造业亦成了当时中关村园区的首个形成规模的新兴高技术产业项目。这一阶段,中关村创业生态系统初现雏形,系统内出现监管部门、孵化器等各类扶持机构:1989 年 3 月,北京地区第一家科技企业孵化器成立;1997 年中关村试验区管委会正式成立;2000 年,第一家驻外组织——中关村驻硅谷联络处正式挂牌。不同种群之间开始建立联系,并诞生了中国国内首家由风险投资资金成立的互联网企业——爱特信电子技术(北京)有限公司(搜狐前身),同时民间资金也开始涉足风险投资领域,并创建了中关村首家完全由民营公司高新技术企业募股、民营资金组成的中关村科技投资公司。

除系统内种群趋于多样化以外,系统边界也开始扩张,丰台工业园区等4 个园逐渐被划入综合试验区的政策区范畴,并实现了"一区五园"的开发布局。在 2006 年,经国务院同意,国家发展和改革委员会公布了第五批通过审核的 20 家国家级开发区,经调整之后的中关村科技园区实现了"一区十园"的生态系统基本布局。

3. 第三阶段:2010 年至今

2009 年,国务院办公厅在有关同意建立中关村国家自主创新示范区的文件中明确提出,要将中关村建设成中国具有影响力的国际化科技中心,翻开了中关村创业生态系统构建的新篇章,中关村也由原来的"一区十园"增加为"一区十六园"。这一阶段,"世界上首款永久免费的杀毒软件推出","中关村在海外设立的第一个创新中心——中关村硅谷创新中心成立"……

中关村创业生态系统逐渐成形,系统呈现出产业多样性、规模多样性、关系多样性和服务多样性的特征,种群之间逐渐进化为互惠共生模式,企业间形成了多元、稠密的社会网络。系统内龙头企业承担了初创企业孵化的责任,展现了成熟企业在创新创业人才溢出方面的效应。龙头企业与初创企业、创业企业之间及创业企业与政府部门之间形成了广泛且复杂多样的创业网络,彼此之间关系紧密,始终保持连续性共生模式的密切互动和资源交流。此外,中关村创业生态系统内还活跃着80多家企业协会、100多个产业联盟等利益相关者,覆盖2.5万家企业。这类社会组织和科研机构,如系统中自发形成的上市公司协会、各类智库中心及创业者俱乐部等,不仅频繁开展促进创业孵化的活动,还会组织对系统内创业企业发展状况展开调研,探讨新的行业趋势、寻求新的共生关系。比如中关村上市公司协会会定期搭建路演对接平台,促进中小企业与中关村上市公司投融资信息的对接,推动中关村上市公司的对外投资、并购重组和整合。

除了多样化的产业联盟、创业企业和社会网络,中关村园区还形成了各式各样的创业专业服务机构,如法律、税务、咨询、人才、专利、投资等机构,同时还有服务于创业企业的创新孵化器、创业社区、创业导师、创业咨询师和猎头等。根据《中关村年鉴2021》,截至2020年年底,中关村已有158家创新型孵化器,科技企业孵化器63家,金融机构69家,园区积极强化对科技型创业企业的支持,给予4817家企业3.16亿元支持,区域创业生态系统始终保持着高度的创新活力。这些创业服务机构和人员不仅为创业企业和创业者提供办公场所,而且还提供资源对接、创业辅导、业务咨询等多种专业化服务,使得创业企业能够集中精力投入创新活动,致力于提高创新质量。面对突如其来的新冠疫情,中关村管委会联合首批30家投融资机构发起了"中关村创投战疫行动",将投资重点放在初创型创业企业和处于成长阶段的中小微创业企业,调动系统内利益相关者的投资积极性,从而帮助疫情下的优质创业企业渡过难关,这也展现了中关村管委会作为一个政府部门良好的牵引作用①。

---

① 参见中国科技网.https://www.stdaily.com/index/kejixinwen/2020 - 04/23/content _ 927553.shtml.

二、　基于中关村经验的共生种群演化机制构建

1. 多样化种群规模

根据仿真结果,初始规模的大小会影响种群演化的效率,因此在众创空间发展初期可以广泛吸引多样化的创业主体,扩大种群的初始规模,从而在系统初期提升种群的共生演化速度。从种群规模上来看,目前中关村创业生态系统共生种群类型多样、数量众多,系统内呈现出服务多样性、关系多样性和产业多样性。系统中汇聚了 2 万余家初创企业,以及 16 家管理机构、近 70 家金融机构和 150 余家社会组织等利益相关者。除数量优势外,中关村创业生态系统共生种群还具有高创新程度,与清华大学、北京大学、中国人民大学等高等学府组建了 29 所大学科技园,系统内还拥有海外人才创业园、创新型孵化器、国家级科技企业孵化器等大型共生平台近 300 家(如图 5-16 所示)。种类丰富、数量众多和高创新性的利益相关者种群,为创业企业孵化、创新人才培育和科技成果转化提供了广阔的发展空间及一系列高质量配套服务。

中关村创业生态系统中种群的集聚,不仅仅是"物理"上的集聚,更关键的是力求实现系统内不同共生种群间的交流互动,将种群的"物理"集聚转化为"化学"集聚,进而在共生种群间产生互惠作用,促成创业孵化和创新成果产出。一方面,中关村创业生态系统内汇聚了处于不同成长阶段及位于价值链不同环节的创业企业和利益相关者,这些企业之间的共生关系,促进了系统新兴产业的快速发展。另一方面,系统内成熟的领军企业(如京东、小米、阿里巴巴等)发挥了重要的示范作用,为创业企业提供了大量企业管理经验。与此同时,高质量创业企业的涌现和成长也在不断倒逼成熟企业进行自我革新和不断创新。这种良性循环反馈亦保障了中关村创业生态系统保持持续的创新创业活力,推动系统向更高层次演进。

此外,系统演进呈现出路径依赖效应,从 20 世纪的京海、四海到如今的京东、小米等,系统传承了创业服务中心成立初期对互联网和 IT 行业科技型企业的关注,并始终以科技创新作为中关村创业生态系统的定位和特征,路径依赖所带来的正向反馈和清晰明确的系统定位,为中关村创业生态系统汇聚了大量科技型企业、人才等资源,彰显了创业生态系统作为一个复杂

适应系统所具备的"放大器效应"。

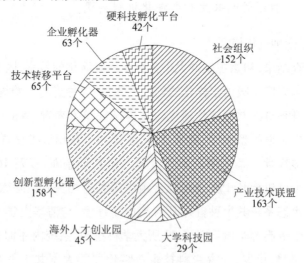

图 5-16 中关村创业生态系统多样性共生平台

数据来源:《中关村年鉴 2021》

2. 借助政策利好提高系统演化上限

可以利用丰富的政策制度帮助众创空间创业生态系统累积更多的资源,开放众创空间创业生态系统的边界,从而扩大系统演化的规模,提升创业生态系统稳定状态的规模。从演化进程来看,中关村创业生态系统经历了从"中关村电子一条街""一区五园""一区十园"到如今的"一区十六园"的格局,中关村管委会在其创新创业生态系统演进过程中起到了关键作用,主要体现在营造双创生态与创业文化、推进创新创业服务、培养领军企业、促进产学研一体化、加强科技人才培养和完善科技金融支持等 6 个方面。中关村管委会属于政府部门但又有其自身的特征,它因需求而生,以创新为导向,是一个创新型政府,始终思考如何为创新创业提供服务、调研、统筹和规划。在系统发展过程中,中关村管委会会基于调查走访、创业情况研究和体制机制创新,通过政策资源的供给和协调努力协助构建创业生态系统,为创新创业形成坚实支撑。

3. 提升共生种群间的共生系数

众创空间创业生态系统共生种群之间的共生系数对系统演化方向有决定性影响。可以通过构建鼓励创新创业的文化氛围,提升主体的专业性和互补性。随着共生模式的逐渐演化,创业主体的创新能力和服务能力会不断提升,彼此间合作配合的程度和效率也会提高,从而提高共生种群间的共生系数,促进众创空间创业生态系统的共生演化向着更大规模的方向发展。众创空间创业生态系统的各类主体需要加强种群之间的交流互动,增强共生主体能力、提升技术水平和市场竞争力,通过创新创业资源的累积,提升与共生伙伴之间的共生程度,逐步从种群寄生、偏利共生模式向互惠共生模式转变。

以中关村为例,中关村创业生态系统以互惠共生模式共同演化,体现在共生种群之间关系密切、系统内迸发的新技术和新知识能够在共生种群之间进行交流、分享和转化,以及系统内拥有良好的创新创业文化氛围。一方面,在中关村创业生态系统中,利益相关者始终以创业项目的成果孵化和创新成果的产出为核心,积极为创业企业提供多样化的资源。例如,高校会积极举办创业大赛,科技孵化器会开展创新创业技术服务,产业协会会促进创新创业研修班的开展。另一方面,这些利益相关者不仅以提供服务为目标,还不断面向中关村创业企业的发展现状展开调研,通过寻求新的共生关系不断为创业企业提供切实的帮助。例如,系统内会广泛开展孵化情况调研、综合运营服务培训、科技成果转化项目推介会等活动,确保从孵化、成长到最终成果转化的一系列服务具有针对性和完备性。

第六章

众创空间创业生态系统共生政策保障机制

本章立足于众创空间创业生态系统共生的政策环境视角,以如何保障众创空间向着良性共生的创业生态系统发展为问题导向,展开对系统共生政策保障机制的研究。首先通过结合政策样本分析、文本挖掘与 PMC 指数模型,对国内众创空间创业生态系统政策予以量化评价,以辨别和剖析现行政府治理策略的优劣势;进而在量化分析的基础上,归纳整理政策文本的具体内容,建立文本内容之间的关联,挖掘众创空间创业生态系统共生的政策保障机制,并提出可供改进的政策制定和实施方向。

第一节　众创空间创业生态系统共生政策保障研究背景

为促进创新创业平台高质量发展,2021 年 3 月科技部火炬中心取缔了135 家众创空间的国家备案资格①,众创空间的发展需要从数量上的聚集向质量上的提升转变,需要通过以政府为主导的政策治理机制来保障和促进系统的良性共生发展。政策保障机制是众创空间创业生态系统较之其他创业生态系统所特有的鲜明情境特性。根据前文分析,由于目前国内众创空间发展时间较短,大部分众创空间的运营模式尚不清晰,罕有实现互惠共生模式的众创空间创业生态系统,亟须以政府为主导的政策保障机制来激励和促进其发展演化。众创空间创业生态系统共生的政策保障机制其实就是促进系统向着互惠共生方向发展的政府激励措施。

政策的发布与实施是政府对公共事务治理最常用的方式,中国情境下的众创空间发展离不开政府的政策引导。通过为创业企业提供各类财政补

---

① 科技部火炬中心. 科技部火炬中心关于公布 2020 年度国家备案众创空间复核结果的通知 [EB/OL]. (2021 - 03 - 22) [2022 - 04 - 20]. http://www. chinatorch. gov. cn/kjb/tzgg/202104/a932242964ec4f4ca586debca8a141e0. shtml.

贴、建设创业扶持设施及优化创业环境等治理手段，可以实现降低企业创新创业风险和成本的目的，这在一定程度上提升了创业企业和利益相关者的共生意愿。因此，为强调和分析政府政策在促进众创空间创业生态系统良性共生中的引导作用，探讨以政府为主导的众创空间创业生态系统共生的治理机制，该章首先结合政策样本分析、文本挖掘与 PMC 指数模型，构建国内众创空间政策量化评价指标体系，对国家及地方层面的 8 项典型众创空间政策文本予以量化评价和分析，从而辨析"双创"背景下众创空间政策的优势与不足，同时为下文构建政府政策保障机制的研究做铺垫。然后通过文本挖掘质性研究的方式，厘清政策保障路径，明确政府在推动众创空间创业生态系统共生中的关键话语表达。在此基础上，归纳整理政策文本的具体内容，并进一步建立文本内容之间的关联，构建众创空间创业生态系统政策保障机制。

在政策评价领域，PMC 指数模型的优势在于其对政策的评价较为客观，能够反映各项政策的优势与不足，因而日益获得学者们的认可。PMC 指数模型是近年来兴起的关于政策评价的模型，该方法以 Omnia Mobilis 假说为指导思想——世界万物彼此关联且都有存在的价值，这造就了 PMC 指数模型具有变量选取范围广泛性且不忽略任何相关变量的优势。这种方式避免了政策评价中对变量关注所具有的主观性的现象，PMC 指数模型中各变量地位平等，在评价中将所有变量视为二分变量，即政策涉及该变量则赋值为 1，否则为 0。同时，PMC 指数模型聚焦于对政策本身的评价，根据政策的具体情况构建评价指标体系。由于政策变量具有同等重要的地位，在对政策变量进行挖掘时需遵循全面性原则，将尽可能多的变量纳入评价体系，用于充分考察政策的特殊性，与本书所进行的众创空间政策评价研究高度契合。在操作层面上，PMC 指数模型包括识别变量、构建投入—产出表、测量 PMC 指数、生成 PMC 曲面等 4 个步骤。

近两年，PMC 指数模型被较多应用于绿色发展和就业政策领域。此外，已有学者将 PMC 指数模型方法应用于国内创业研究领域。张永安和郄海拓以 2017 年的 10 项"双创"政策为例，通过量化评价为政府制定政策改进提供了依据；何江等则将包括 PMC 指数模型和文本挖掘在内的若干种研究方法相结合，对区域人才政策进行了系统性的梳理和效用评价；施杨和赵曙明结合文本挖掘和 PMC 指数模型等方法开展研究,他们在研究中对城市高层次创业人才引进政策进行了评价。为更全面、深入地了解我国众创空间政策的内容与实施效果,本章将综合运用文本数据挖掘和 PMC 指数模型两种方法,对我国众创空间政策进行量化评价,进而提出众创空间创业生态系统共生的政策保障机制,以期在"双创"进程中众创空间创业生态陷入困境的情境下,为国内众创空间创业生态系统建设政策的制定提供可供优化的方向。

第二节 众创空间创业生态系统共生政策评价研究

一、文本挖掘

本书的研究对象为国务院、各部委及省(市)自 2015 年起所颁发的"双创"政策中涉及众创空间的相关政策。样本选自 2015—2021 年国务院、各部委网站及火炬高技术产业开发中心"双创政策汇编"栏目,以"众创空间"和"创新创业"为关键词进行检索,剔除信息不完整及相关度较低的政策文本,最终获取的样本政策总计 78 份,其中,国家层面的政策文件有 27 份,地方层面的政策文件有 51 份,列出部分政策文件如表 6-1 所示。

表 6-1 2015—2021 年 78 份涉及众创空间的政策文件(示例)

政策名称	发文字号
《关于发展众创空间推进大众创新创业的指导意见》	国办发〔2015〕9 号
《关于建设大众创业万众创新示范基地的实施意见》	国办发〔2016〕35 号
《关于推动创新创业高质量发展打造"双创"升级版的意见》	国发〔2018〕32 号
《关于科技企业孵化器大学科技园和众创空间税收政策的通知》	财税〔2018〕120 号
《关于提升大众创业万众创新示范基地带动作用 进一步促改革稳就业强功能的实施意见》	国办发〔2020〕26 号
《关于进一步支持大学生创新创业的指导意见》	国办发〔2021〕35 号
……	……

　　本书选择 Nvivol 11 软件作为政策样本分析和文本挖掘的工具,首先将 78 份文件导入软件"内部材料"(如图 6-1 所示),设定"具有最小长度"为"2",分组方式为"完全匹配",运行词频查询得到词语云(如图 6-2 所示),从中可以清晰地看出,"创新""服务""科技""就业"等成为众创空间政策中的关键词。其次,对数据进行清洗:删除虚词,包括"由于""用于""不仅"等;筛选近义词和同义词,如"发展""成长""进展"保留其一,在"表现"和"呈现"中选其一等。最后,参考李政等的研究,本书将词频划分为政策对象用语和政策行为用语,整理得词列表如表 6-2 所示。

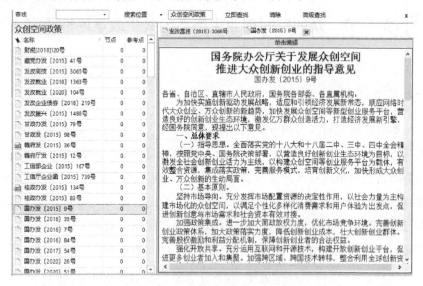

图 6-1　Nvivol 软件中导入 78 份政策文本

图 6-2　众创空间政策词语云

表6-2　众创空间政策高频词汇

政策对象用语（前10位）				政策行为用语（前10位）			
排名	词语	计数	加权百分比（%）	排名	词语	计数	加权百分比（%）
1	企业	4125	1.37	1	创业	10122	3.37
2	科技	3252	1.08	2	创新	6958	2.32
3	政策	2122	0.71	3	服务	4116	1.37
4	机构	1550	0.52	4	发展	3293	1.10
5	社会	1512	0.50	5	支持	2296	0.70
6	平台	1406	0.47	6	就业	1853	0.62
7	资源	1388	0.46	7	投资	1458	0.49
8	产业	1243	0.41	8	改革	1099	0.37
9	机制	1202	0.40	9	培训	900	0.30
10	科研	907	0.30	10	示范	873	0.29

二、 PMC 指数模型构建

1. 变量的选取

在上述文本挖掘的基础上，以 Estrada 的 PMC 指标构建思路为指导，结合已有关于众创空间评价和政策量化的相关文献，本书最终形成了一个包括 9 个一级变量和 38 个二级变量的评价标准。其中，9 个一级变量分别为发布机构（P_1），政策类型（P_2），政策性质（P_3），政策时效（P_4），政策激励（P_5），作用层面（P_6），政策内容（P_7），政策倾向（P_8）和政策视角（P_9）。参考董纪昌等、成全等的研究，一级变量政策性质（P_3）、政策时效（P_4）、政策激励（P_5）、作用层面（P_6）、政策内容（P_7）、政策倾向（P_8）和政策视角（P_9）的二级变量服从 $[0,1]$ 二项分布，若政策内容中满足二级指标评价标准，则二级变量赋值为 1，否则赋值为 0。值得注意的是，这种赋值方式不适用于二级变量评价标准互斥的指标，会造成所有政策在这一指标下评分相同，无法进行优劣评价。因此，参考李丽等对政策力度量化标准的研究，本书对一级变量发布机构（P_1）、政策类型（P_2）的二级变量评价参数设置为在 $[0,1]$ 范围内的逐项递减取值。具体变量划分、评价标准、赋值和指标来源详见表6-3。

表 6-3　众创空间政策 PMC 指数模型的变量设置①

一级变量	二级变量	二级变量评价标准	参数取值	指标来源
发布机构 (P_1)	国务院 $P_{1:1}$	政策发布机构是否为国务院	1	参考董纪昌等文章修改
	各部委 $P_{1:2}$	政策发布机构是否为财政部、科技部、发展改革委等部委	0.8	
	地方政府 $P_{1:3}$	政策发布机构是否为地方政府	0.6	
政策类型 (P_2)	规划类 $P_{2:1}$	规划、纲要、规定、规范、计划、战略	1	参考成全等文章修改
	方案类 $P_{2:2}$	方案、细则、指南、指引	0.8	
	办法类 $P_{2:3}$	办法、措施、条例	0.6	
	意见类 $P_{2:4}$	意见、决定	0.4	
	通知类 $P_{2:5}$	通知、公告	0.2	
政策性质 (P_3)	预测 $P_{3:1}$	政策是否具有预测性质	$P_{3:1} \sim N[0,1]$	参考刘建朝和李丰琴、宋大成等文章修改
	监管 $P_{3:2}$	政策是否具有监管性质	$P_{3:2} \sim N[0,1]$	
	建议 $P_{3:3}$	政策是否具有建议性质	$P_{3:3} \sim N[0,1]$	
	描述 $P_{3:4}$	政策是否具有描述性质	$P_{3:4} \sim N[0,1]$	
	引导 $P_{3:5}$	政策是否具有引导性质	$P_{3:5} \sim N[0,1]$	
政策时效 (P_4)	小于 1 年 $P_{4:1}$	政策是否涉及 1 年以内规划	$P_{4:1} \sim N[0,1]$	参考成全等文章修改
	1~5 年 $P_{4:2}$	政策是否涉及 1~5 年内规划	$P_{4:2} \sim N[0,1]$	
	6~10 年 $P_{4:3}$	政策是否涉及 6~10 年内规划	$P_{4:3} \sim N[0,1]$	
	大于 10 年 $P_{4:4}$	政策是否涉及 10 年以上规划	$P_{4:4} \sim N[0,1]$	

① 政策性质(P_3)中的"预测"指的是该项政策是否针对未来预期达到的目标进行了部署;"描述"指的是否对政策实施的具体要求和具体场景予以了阐述。作用层面(P_6)中的"创业园区"包括大学科技园、留学创业园,以及孵化园区等机构。政策视角(P_9)中的"微观性"指向创业者个体和创业企业等主体层面;"中观性"指向众创空间、创业园区及行业和地区发展等层面;"宏观性"指向国民经济、财政或国际形势等层面。

一级变量	二级变量	二级变量评价标准	参数取值	指标来源
政策激励（P_5）	技术 $P_{5:1}$	政策激励是否涉及技术供给方面	$P_{5:1} \sim N[0,1]$	参考杜宝贵和陈磊文章修改
	资金 $P_{5:2}$	政策激励是否涉及资金支持方面	$P_{5:2} \sim N[0,1]$	
	税收 $P_{5:3}$	政策激励是否涉及税收优惠方面	$P_{5:3} \sim N[0,1]$	
	人才 $P_{5:4}$	政策激励是否涉及人才建设方面	$P_{5:4} \sim N[0,1]$	
	法律 $P_{5:5}$	政策激励是否涉及法律保障方面	$P_{5:5} \sim N[0,1]$	
	场地 $P_{5:6}$	政策激励是否涉及场地供给方面	$P_{5:6} \sim N[0,1]$	
作用层面（P_6）	创业企业 $P_{6:1}$	政策是否作用于创业企业	$P_{6:1} \sim N[0,1]$	参考卜令通等文章修改
	科研院所 $P_{6:2}$	政策是否作用于科研院所	$P_{6:2} \sim N[0,1]$	
	高校 $P_{6:3}$	政策是否作用于高校	$P_{6:3} \sim N[0,1]$	
	创业园区 $P_{6:4}$	政策是否作用于园区	$P_{6:4} \sim N[0,1]$	
政策内容（P_7）	优化政策服务 $P_{7:1}$	政策内容是否涉及优化政策服务	$P_{7:1} \sim N[0,1]$	根据政策文本高频词整理
	双创基地示范 $P_{7:2}$	政策内容是否涉及双创基地示范	$P_{7:2} \sim N[0,1]$	
	培育创新创业主体 $P_{7:3}$	政策内容是否涉及培育创新创业主体	$P_{7:2} \sim N[0,1]$	
	双创工作监督检查 $P_{7:4}$	政策内容是否涉及双创工作监督检查	$P_{7:3} \sim N[0,1]$	
	改善创新创业环境 $P_{7:5}$	政策内容是否涉及改善创新创业环境	$P_{7:4} \sim N[0,1]$	
政策倾向（P_8）	鼓励引导 $P_{8:1}$	政策是否具有鼓励引导倾向	$P_{8:1} \sim N[0,1]$	参考成全等文章修改
	监督评价 $P_{8:2}$	政策是否具有监督评价倾向	$P_{8:2} \sim N[0,1]$	
	强制要求 $P_{8:3}$	政策是否具有强制要求倾向	$P_{8:3} \sim N[0,1]$	

一级变量	二级变量	二级变量评价标准	参数取值	指标来源
政策视角 (P_9)	微观 $P_{9:1}$	政策是否具有微观性	$P_{9:1} \sim N[0,1]$	参考卜令通等文章修改
	中观 $P_{9:2}$	政策是否具有中观性	$P_{9:2} \sim N[0,1]$	
	宏观 $P_{9:3}$	政策是否具有宏观性	$P_{9:3} \sim N[0,1]$	

2. PMC 指数计算

接下来对 PMC 指数的计算原则及公式作以下说明:① 二级变量服从 [0,1]二项分布的指标,根据式(6-1)计算得出二级变量数值,然后根据式(6-2)计算其对应的一级变量数值;② 对于发布机构(P_1)和政策类型 (P_2)这两项指标,根据政策发布机构和标题中明确的类型确定二级指标变量数值,并将该二级变量值直接作为政策的一级变量数值。计算出每项政策的一级指标变量之后,再根据式(6-3)得到最终的 PMC 指数。其中:i 表示一级变量;j 表示二级变量。

参考 Estrada 的政策等级划分标准,将 PMC 指数得分划分为 4 个等级: 8~9 为"完美",6~7.99 为"优秀",4~5.99 为"可接受",0~3.99 为"不良"。

$$P = \{PR : [0 \sim 1]\} \tag{6-1}$$

$$P_i = \sum_{j=1}^{n} \frac{P_{i:j}}{n}, \ i = 3,4,5,6,7,8,9 \tag{6-2}$$

$$PMC = \left\{ \begin{array}{l} \sum_{j=1}^{3} \dfrac{P_{1:j}}{3} + \sum_{j=1}^{5} \dfrac{P_{2:j}}{5} + \sum_{j=1}^{5} \dfrac{P_{3:j}}{5} + \\ \sum_{j=1}^{4} \dfrac{P_{4:j}}{4} + \sum_{j=1}^{6} \dfrac{P_{5:j}}{6} + \sum_{j=1}^{4} \dfrac{P_{6:j}}{4} + \\ \sum_{j=1}^{5} \dfrac{P_{7:j}}{5} + \sum_{j=1}^{3} \dfrac{P_{8:j}}{3} + \sum_{j=1}^{3} \dfrac{P_{9:j}}{3} \end{array} \right\} \tag{6-3}$$

3. PMC 曲面的绘制

PMC 曲面是一个三维立体曲面,由一个 3×3 的矩阵组成,如式(6-4)所示,通过绘制 PMC 曲面能够比较形象和直观地反映某项众创空间政策在不同层面上的差异,以便更科学、客观地评估众创空间政策情况。

$$PMC\ 曲面 = \begin{bmatrix} P_1 & P_2 & P_3 \\ P_4 & P_5 & P_6 \\ P_7 & P_8 & P_9 \end{bmatrix} \qquad (6\text{-}4)$$

三、 实证分析

1. 样本选取与说明

PMC 指数模型能够有效评价若干项政策的一致性,并给出彼此之间的优劣势,笔者在上述整理的 78 份众创空间政策文本中,选取了"双创"期间具有典型代表性的 8 项众创空间政策,其中国家级 6 项、省级政策 2 项,所选政策均来源于中国政府网网站。除国务院颁布的纲领性政策外,在政策的选取上尽可能涵盖财税部门、科技局、发展改革委等各部委,并挑选了 2 项具有代表性的地方政府文件。具体政策样本汇总如表6-4所示。

表 6-4　8 项众创空间政策样本相关信息

序号	政策名称	发文字号	发布日期
POL1	《关于建设大众创业万众创新示范基地的实施意见》	国办发〔2016〕35 号	2016.5
POL2	《关于科技企业孵化器　大学科技园和众创空间税收政策的通知》	财税〔2018〕120 号	2018.11
POL3	《关于开展第四批国家专业化众创空间备案示范工作的通知》	国科办区〔2020〕54 号	2020.6
POL4	《关于推动返乡入乡创业高质量发展的意见》	发改就业〔2020〕104 号	2020.1
POL5	《关于发展众创空间推进创新创业工作政策措施和关于推进金融资本与科技创新相结合政策措施的通知》	豫政办〔2016〕15 号	2016.2
POL6	《关于做好当前和今后一段时期就业创业工作的实施意见》	甘政发〔2017〕47 号	2017.11
POL7	《关于大力推进大众创业万众创新若干政策措施的意见》	国发〔2015〕32 号	2015.6
POL8	《关于印发"十四五"就业促进规划的通知》	国发〔2021〕14 号	2021.8

2. PMC 指数计算

基于上述 PMC 变量指数设置并依据相关政策内容进行参数设定,设置

8 项众创空间政策的多投入产出表,如表 6-5 所示。

表 6-5　8 项众创空间政策的多投入产出表

一级变量	二级变量	POL1	POL2	POL3	POL4	POL5	POL6	POL7	POL8
P_1	$P_{1:1}$	1	0	0	0	0	0	1	1
	$P_{1:2}$	0	0.8	0.8	0.8	0	0	0	0
	$P_{1:3}$	0	0	0	0	0.6	0.6	0	0
P_2	$P_{2:1}$	0	0	0	0	0	0	0	0
	$P_{2:2}$	0	0	0	0	0	0	0	0
	$P_{2:3}$	0	0	0	0	0	0	0	0
	$P_{2:4}$	0.4	0	0	0.4	0	0.4	0.4	0
	$P_{2:5}$	0	0.2	0.2	0	0.2	0	0	0.2
P_3	$P_{3:1}$	1	0	0	1	1	1	1	1
	$P_{3:2}$	1	1	1	1	1	1	1	1
	$P_{3:3}$	0	0	0	0	1	1	1	1
	$P_{3:4}$	0	0	0	1	0	0	1	1
	$P_{3:5}$	1	1	1	1	1	1	1	1
P_4	$P_{4:1}$	1	1	1	0	1	1	1	1
	$P_{4:2}$	1	1	0	1	1	1	1	1
	$P_{4:3}$	0	0	0	0	0	1	1	0
	$P_{4:4}$	0	0	0	0	0	0	1	0
P_5	$P_{5:1}$	1	1	0	1	1	1	1	1
	$P_{5:2}$	1	0	0	1	1	1	1	1
	$P_{5:3}$	1	1	0	1	1	1	1	0
	$P_{5:4}$	1	0	0	1	1	1	1	1
	$P_{5:5}$	1	1	0	0	0	1	1	1
	$P_{5:6}$	1	1	0	1	1	1	1	1

一级变量	二级变量	POL1	POL2	POL3	POL4	POL5	POL6	POL7	POL8
P_6	$P_{6:1}$	1	1	1	1	1	1	1	1
	$P_{6:2}$	1	0	1	0	1	1	1	1
	$P_{6:3}$	1	1	1	1	1	1	1	1
	$P_{6:4}$	1	1	0	1	0	1	1	1
P_7	$P_{7:1}$	1	1	0	1	1	1	1	1
	$P_{7:2}$	1	0	1	0	1	1	1	1
	$P_{7:3}$	1	0	1	1	1	1	1	1
	$P_{7:4}$	1	0	0	1	0	1	1	1
	$P_{7:5}$	1	1	1	1	1	1	1	1
P_8	$P_{8:1}$	1	1	0	1	1	1	1	1
	$P_{8:2}$	1	0	1	0	1	1	1	1
	$P_{8:3}$	0	0	0	0	0	0	0	0
P_9	$P_{9:1}$	1	0	1	1	0	1	1	1
	$P_{9:2}$	1	0	1	1	1	1	1	1
	$P_{9:3}$	1	1	1	1	1	1	1	1

根据式(6-3)，分别计算出以上 8 项政策的 PMC 指数，并对照政策评级划分依据，对以上 8 项政策进行等级评价，具体结果如表 6-6 所示。

表6-6　8 项众创空间政策 PMC 指数及评级

变量	POL1	POL2	POL3	POL4	POL5	POL6	POL7	POL8	均值
P_1	1	0.80	0.80	0.80	0.60	0.60	1	1	0.83
P_2	0.40	0.20	0.20	0.40	0.20	0.40	0.40	0.20	0.30
P_3	0.60	0.40	0.40	0.80	0.80	0.80	1	1	0.73
P_4	0.50	0.50	0.25	0.25	0.50	0.75	1	0.50	0.53
P_5	1	0.67	0	0.83	0.83	1	1	0.83	0.77
P_6	1	0.75	0.75	0.75	0.75	1	1	1	0.88
P_7	1	0.40	0.60	0.60	0.80	1	1	1	0.80

变量	POL1	POL2	POL3	POL4	POL5	POL6	POL7	POL8	均值
P_8	0.67	0.33	0.33	0.33	0.67	0.67	0.67	0.67	0.54
P_9	1	0.33	1	1	0.67	1	1	1	0.88
PMC 指数	7.17	4.38	4.33	5.76	5.82	7.22	8.07	7.2	6.24
评级	优秀	可接受	可接受	可接受	可接受	优秀	完美	完美	优秀

3. PMC 曲面绘制

根据式(6-4)，建立 8 项众创空间政策 PMC 矩阵，并根据 PMC 矩阵绘制 PMC 曲面图，如图 6-3 至图 6-10 所示。

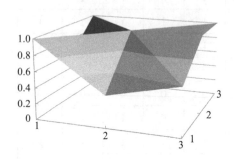

图 6-3　*POL*1 的 PMC 曲面

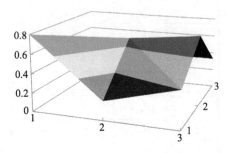

图 6-4　*POL*2 的 PMC 曲面

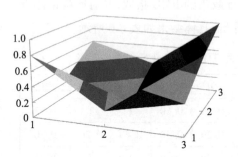

图 6-5　*POL*3 的 PMC 曲面

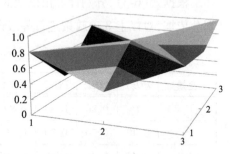

图 6-6　*POL*4 的 PMC 曲面

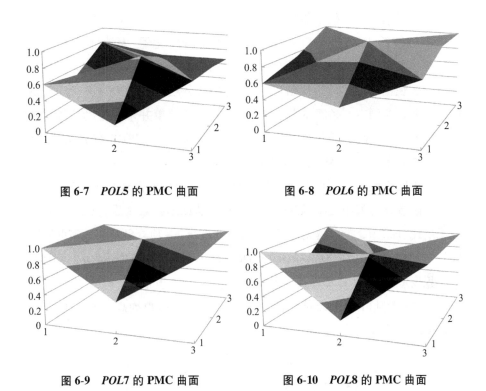

图 6-7 *POL*5 的 PMC 曲面　　　　　　图 6-8 *POL*6 的 PMC 曲面

图 6-9 *POL*7 的 PMC 曲面　　　　　　图 6-10 *POL*8 的 PMC 曲面

对上述 8 项众创空间政策的 PMC 指数进行计算并绘制 PMC 曲面图, 8 项样本政策的每个一级变量情况都可以通过 PMC 曲面图直观地呈现出来。可以得出, 两项获得"完美"评级的政策分别是 *POL*7 和 *POL*8, *POL*1 和 *POL*6 的评级为"优秀", 其余政策评级为"可接受"。其中, *POL*7 相较其他政策的优势在于, 该政策不仅是由国务院发布的权威政策, 而且在政策性质上详细描述了未来很长一段时间内国内"双创"事业所需部署的工作和实现的目标。尽管政策发布于 2015 年, 但政策规划时间长, 明确提出了要发展众创空间, 完善创业孵化, 打造创业生态, 后面各部委和地方制定政策均是基于该项政策的规划引领而发布的, 对各地区和部门"双创"政策的制定具有明显指导作用。*POL*8 是"十四五"开局之年发布的纲领性文件, 其中详细规划了未来 5 年创业带动就业的方式和众创空间发展的方向。*POL*1 和 *POL*6 两项属于"优秀"政策, *POL*1 由国务院办公厅发布, 覆盖较全面, 因而 PMC 数值较高; *POL*6 虽不是由国务院直接发布, 却是为贯彻落实国务院意见而发布的政策, 政策结合了国务院政策和当地实际而制定, 对创业工作方面进行了详细剖析并提出相应意见,因此 PMC 数值较高。POL2 和 POL3 的 PMC 数值较低,原因在于 POL2 聚焦于科技企业孵化器、大学科技园、众创空间等平台税收政策,视角偏微观,缺乏产业和特定区域等中观视角及国民经济等宏观视角,在"政策视角"这一变量中得分较低;而 POL3 是关于开展国家专业化众创空间备案示范工作的通知,该项政策并未对激励范围做较为详细的界定,导致"政策激励"这一变量得分低,此外 POL2 和 POL3 均属于通知类政策,在效力级别上属于较低的规范文件。

政策凹陷程度可以直观地反映各政策一级变量的薄弱环节,建立 8 项众创空间政策的戴布拉图,如图 6-11 所示。从凹陷指数来看,其与 PMC 指数成反比,即 PMC 指数越高,政策凹陷程度越浅。8 项众创空间政策凹陷程度从强到弱的顺序为 POL3-POL2-POL5-POL4-POL1-POL6-POL8-POL7。凹陷程度最强的为 POL3,其在政策类型(P_2)、政策性质(P_3)、政策时效(P_4)、政策激励(P_5)和政策倾向(P_8)的凹陷程度指数均高于 0.5,属于不可接受的凹陷指数。

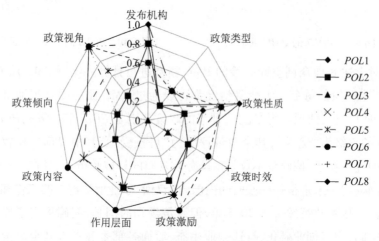

图 6-11　8 项众创空间政策的戴布拉图

总的来说,众创空间政策的作用层面(P_6)和政策视角(P_9)这两个一级变量指标平均分较高,表明国务院、各部委及地方政府在制定众创空间相关政策时涉及范围较广,考虑内容和作用到的主体亦较为全面,展示了政策的系统完备性。从作用层面来看,各部委和地方政府均兼顾了科研院所、高校和创业园区等利益相关者对创新创业活动扶持的重要性;在政策视角方面,政府不仅注重政策对创业者个体和企业等微观层面的效用,还考虑到了未来对中观层面众创空间、地区、行业的效用,甚至考虑到了在宏观国民经济提升上所能达到的效果。PMC 指数相对较低的是政策时效(P_4)和政策倾向(P_8)两项一级指标,政策时效平均值为 0.53,说明政策制定以短期为主;政策倾向为 0.54,体现了国内政府对众创空间的情感倾向以鼓励和引导为主,这也是创业活动中服务型政府的体现。

📖 第三节　众创空间创业生态系统共生政策保障机制构建

一、 众创空间创业生态系统共生的政策保障路径

　　众创空间创业生态系统共生的政策保障机制内隐于政策文本中,通过文本挖掘可以厘清政策保障路径,进而明确政府在推动众创空间创业生态系统良性共生的关键话语表达。笔者归纳整理政策文本的具体内容,并进一步建立文本内容之间的关联,构建"双创"政策促进众创空间创业生态系统良性共生的机制。

　　本小节首先将 78 份政策文本内容进行合并,根据以下原则再一次使用 Nvivol 11 进行高频词提取:① 剔除与研究主题重复的高频词,如"创业""政策"等;② 去除如"加强""引导""我国""我市""加快"等修饰词、程度词及无关词;③ 合并语义相近、描述对象一致的关键词,如("改正""革新"合并到"改革";"标准""规范""规格"合并到"规定";"考评"与"评审"合并;"财政厅""财政部""工商局""教育局""地税局"合并为"政府部门"等)。其次,根据合并整理得出的高频关键词,运行 Nvivol 11 软件中的"运行文本搜索查询",查看高频词所在的政策文本原文,根据具体内容对高频词进行归类,如将"创新""科技""信息化"等归为共生目标,原因在于政策文本中与"创新""科技""信息化"等相关且具有实际意义的内容主要包括:"建立市场导向的技术创新体系""支持科技人员创业创新""提升双创示范基地服务信息化""聚集海外高层次创业人才和团队"等,这些内容均与政策制定的预期效果有关,属于政策目标范畴。最终按照这一逻辑,笔者将高频关

键词整理归类为政策目标、共生引导措施、共生治理方式、共生单元、共生平台、共生环境等六大共生政策类属，选取每个类属前 6 个高频词汇，共整理得出 36 个高频词汇(见表 6-7)。

表 6-7　众创空间政策六大类属

共生政策类属		词频	文本示例
政策目标	创新	6958	建立市场导向的技术创新体系
	科技	3252	支持科技人员创业创新
	信息化	326	提升双创示范基地服务信息化
	专业化	246	建立专业化、网络化服务体系，提高创业信息透明度
	高层次	78	聚集海外高层次创业人才和团队
	多元化	61	形成创新创业要素集聚化、主体多元化的众创空间发展格局
共生引导措施	补贴	233	对众创空间的房租等给予适当补贴
	联席会议	114	建立定期联席会议制度
	市场准入	87	放宽市场准入条件，降低行业准入门槛
	社会保险	90	完善各类创业者参加社会保险的管理措施
	筹融资	64	支持筹融资平台规范发展，不断增强对创业创新企业的融资支持
	简政放权	57	大力推动简政放权，进一步激发市场活力
共生治理方式	监管	215	深化网上并联审批和协同监管改革
	审批	68	加快政府部门间市场主体许可审批等信息的推送归集
	清理	47	清理、废除阻碍创业发展的制度规定
	弘扬	42	弘扬构建专业化的创新创业服务体系
	惩戒	33	构建失信联合惩戒机制
	表彰	30	开展众创空间年度绩效考评和表彰

共生政策类属		词频	文本示例
共生单元	政府部门	1340	建立地方政府、部门政策协调联动机制
	高校	779	鼓励高校建立创业创新社团
	中小企业	504	为中小企业创新创业活动提供仪器设备、人才和技术支撑
	创业导师	228	鼓励众创空间聘任企业家等作为创业导师
	管委会	142	管委会要打造带动力强的创业示范中心
	产学研	52	引导各开发区加快建设产学研合作的综合服务平台
共生平台	空间	2208	形成满足大众创业需求的众创空间
	机构	1550	加大政府购买服务力度,充分发挥各类机构的创业服务作用
	平台	1406	鼓励县级以上地区设立返乡入乡创业"一站式"综合服务平台
	基地	1027	建立国家创新型产业"双创"基地
	孵化器	480	对符合条件的众创空间等孵化器给予税收优惠政策
	实验室	106	搭建大学生创新创业实验室和试验班
共生环境	开放式	1022	构建具有公益性、社会化、开放式运作的众创空间
	互联网	561	完善对"互联网+教育""互联网+医疗"等新业态新模式的高效监管机制
	文化	401	营造鼓励创新创业的文化氛围
	生态	184	不断优化创新创业生态环境,支持众创空间发展
	健康	159	推进"四众"持续健康发展①
	诚信	42	营造诚信规范发展的良好创业氛围

　　具体来说,政策目标是政策制定的出发点,是政策预期所要达到的结果,它决定了政策实施的对象、要求和任务等。具体的政策目标为政策评价和政策实施提供了工作基础,以及明晰的实践方向。在本书中,政策目标是

――――――――――

　　① "四众",是指众创、众包、众扶、众筹,于2015年国务院《关于加快构建大众创业万众创新支撑平台的指导意见》中提出。

指政府对特定区域未来众创空间创业生态系统建设水平、空间格局、空间定位、产出成果、技术突破的预期，政策目标会根据政策实施情况做出相应调整。如 2015 年国家刚提出建设众创空间推动"双创"事业发展时，其政策目标为"形成一批有效满足大众创新创业需求、具有较强专业化服务能力的众创空间等新型创业服务平台"。到 2018 年，众创空间历经 3 年的爆发式增长，出现了创新创业生态不够完善、科技成果转化机制尚不健全、各类企业融通发展仍不充分、创新创业国际合作不够深入，以及部分政策落实不到位等问题，于是政策提出了"推动创新创业高质量发展，打造'双创'升级版"的目标，政策目标从对数量的追求转变为对质量的关注。

共生引导措施是以政府部门为主导，为"双创"活动提供便利，释放创新创业活力及促进众创空间创业生态系统良性共生的措施，如放宽市场准入条件、推进社会保险公共服务平台建设等。引导众创空间创业生态系统良性共生发展的方式主要包括供给层面、需求层面和创业环境层面。供给层面的政策引导方式指通过对系统内共生主体给予科研经费、派遣创业导师、提供创业设施等创新创业资源，从而改善创业活动中可能存在的资源缺口，降低共生主体资源搜寻成本。需求层面的政策引导方式包括政府采购创业孵化成果、服务外包和政府担保，将金融机构、科研组织等机构连接起来，建立多渠道、多主体、全方位的采购支持，从而推动系统要素共生的发展。创业环境层面则是指，一方面政府通过财税减免、创业风险补贴、商业险保费补助等方式对众创空间企业予以支持，降低众创空间创业生态系统共生环境的风险程度；另一方面通过简化登记手续，采取一站式窗口、网上申报、多证联办等举措为创业企业工商注册提供便利，从而提升创业主体间的共生意愿，促进系统向着互惠共生发展。

共生治理方式主要是政府部门针对众创空间创业生态系统共生的监管和奖励机制，包括定期对空间进行审批，对良性众创空间创业生态予以奖励，以及对不履职行为的处理等。众创空间政策监管目标主要是完善公平竞争的共生环境，通过进一步清理并取消限制创新创业发展的制度、法规和不良风气，进一步建立公平审批机制，形成统一公开、秩序规范的市场，减少不利于创业创新发展的行政垄断及侵害市场支配地位的其他不正当竞争活动。通过建设和规范企业信用信息公布机制，政府部门出台重大违法企业名单管理措施,将创新主体的诚信与其享受的各类准入政策挂钩,逐步建立以企业诚信管理为基础的创业创新主体监管模式。政府部门对众创空间的激励手段主要包括对示范成效明显、带动能力强的众创空间给予适当表彰激励,对发展潜力好的创新型企业加大金融支持力度等。

共生单元是政策主要的实施和辐射对象,包括政府部门、高校、中小企业、创业导师等企业和个人。对于众创空间创业生态系统而言,其政策制定者主要是中央政府,以及系统所处地区的地方政府和管委会等。众创空间的政策工具主要是为了构建良好的创新创业生态环境,为创新创业活动提供保障。因此,政策工具的实施主体主要是众创空间中形形色色的创业活动参与者。为了保障众创空间创业生态的良性共生,系统中的所有参与者,包括企业、大学、科研机构、金融机构、科技中介组织等均属于众创空间政策的辐射对象。

共生平台是政府部门对于扶持创业企业相关的基地、平台、实验室、孵化器等基础性设施和硬件等"双创"载体建设的支持与要求。"基础设施"这一类属包括了前文共生环境中的技术供给和金融支持环境。众创空间通过拥有的资源、场地、仪器、设备等基础设施为创业企业和利益相关者建立共生关系提供支持,系统内良好的配套创业基础设施可能改变创业企业和利益相关者的认知和风险偏好等,提升企业在系统中的归属感,从而影响主体间的共生意愿和创业动力。高质量创业设施如创新中心、科技型孵化器和服务平台的建立,能够提高"双创"资源的流通效率和创业项目的孵化效率。

共生环境指对于众创空间发展特色文化,营造健康发展、诚信规范的氛围的建设,如政策中关于"搭建一批成本低、便利化、全要素、开放式的众创空间"的环境建设要求。为与"基础设施"这一类属加以区分,该类属的创业环境主要指众创空间创业生态系统共生的文化环境。除建立具有高创新创业活力的众创空间创业生态要求以外,高开放度和透明度的众创空间亦有利于外界创新资源的汇入和集聚。政策要求空间建设应营造诚信规范发展的良好氛围,低诚信的系统会导致创业积极性大大降低,增加创业活动中的不确定性,无法形成良性共生关系。此外,政策中还提到可以鼓励构建"互联网平台+创业单元"等新模式创新,这是当时有利于创新创业主体积极应对疫情的创业环境建设。

六大政策类属既为政策推动众创空间创业生态良性共生发展的主要关注点，也是构成政府主导的众创空间创业生态系统共生政策保障机制的主要立足点，表明政府部门主要从这6个角度来促进各地区众创空间的发展。因此，本书为促进众创空间创业生态系统良性共生发展，根据六大政策类属的特征，建立了各个政策类属之间的关联，从而厘清了政府部门保障众创空间创业生态系统共生发展的机制，最终得到了如图6-12所示的政策保障机制图。根据图6-12，众创空间政策的六大政策类属分别属于驱动要素、主体要素、过程要素、优化要素和产出要素。

首先政策目标既是驱动要素又是产出要素，共生单元构成了政策保障机制中的主体要素，共生引导措施和共生治理方式构成了过程要素，共生平台和共生环境是政策保障中的优化要素。

其次，主体、共生、优化是政策保障的主要实施机制，这三者决定了政策目标的实现程度。具体来说，主体要素是众创空间创业生态系统中的共生单元，也是政府政策辐射、影响和作用的主体，是实现系统共生、保证系统良性运转的基础条件；过程要素强调如何合理组合运用系统中的共生资源，使得创新创业资源能够被最大化地利用，避免资源的冗余；优化要素为政策的实施提供了环境和共生平台，其通过生态健康、高透明度、诚信友善的众创空间建设及多样性高质量孵化平台的嵌套等共生资源，营造适合创业企业孵化发展的双创环境。与此同时，主体要素、过程要素和优化要素之间也会相互影响，政策主体需要遵循政策引导和治理体系的要求，根据企业准入、经营许可等政策要求和系统中的园区文化等默会知识开展创业活动。共生也要根据政策引导构建满足国情和地区发展特色的创业环境，如当下创新、协调、绿色、开放、共享的新发展理念要求。

最后，根据上述分析，可以将众创空间政策对众创空间创业生态系统共生的政策保障路径概括为：区域众创空间创业生态系统的共生需求和状况决定了政府保障政策的目标，在以创建良性共生的创新创业生态系统为政策目标的驱动下，通过"主体—过程—优化"三大要素构成的政策实施机制推动地区众创空间创业生态系统的共生发展。与此同时，由于可能存在的政策"滞后性"和"时效性"，在经历一段时间后，根据众创空间共生阶段和政策适应程度,政策目标会相应地做出调整,进一步影响"主体—过程—优化"要素中各共生单元、共生平台、共生环境、共生引导和治理方式的变化,并再次作用于政策目标,不断循环以促进众创空间创业生态系统向着互惠共生方向发展。

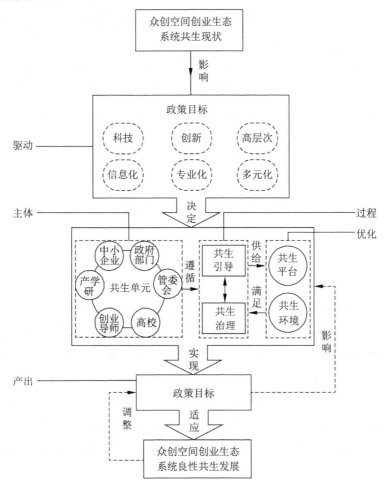

图6-12　众创空间创业生态系统共生的政策保障路径

二、　众创空间创业生态系统共生的政策优化方向

通过前文对在"双创"战略背景下国务院及各部委所发布的众创空间政策样本的多维度评价分析和政策保障机制的构建可以看出,在"十三五"期间,我国众创空间的政策制定所涉及的范围较广,考虑的内容和涉及的主体

均较为全面。然而,在政策的制定与实施过程中,众创空间政策制定的倾向、发布机构与政策的实施和保障等方面仍存在进一步优化的空间。

1. 政策倾向：引导与监管需并施

在"十四五"规划中,国家明确提出"双创"事业要持续深化"放管服"改革,其中包含了对"双创"活动简政放权、市场监管和高效服务这三层含义。现有众创空间的政策倾向多为鼓励和引导,缺乏强制性倾向的政策制定,政策力度略显不足,可能致使政策在执行过程中难以实现预期的激励效果,例如众创空间创业合作中可能出现失信行为;存在出租政府提供的免费场地充当"二房东"的行为;将经营不善的众创空间进行"创新"标签贴牌,及引入非创业项目滥竽充数以攫取政府补贴等投机行为。建议在政策发布时就阐明众创空间及相关主体应履行的职责和义务,以及可能采取的惩罚、清理、终止运营等强制性措施,有效推进众创空间政策的落地。完善且透明的监管制度和标准不仅可以约束众创空间和企业的行为,也可以对监管者产生影响,只有通过明确的监管政策的制定,才能行之有效地创新并加强事后监管。

2. 发布机构：从单一向联合转化

在众创空间政策的实施过程中,会涉及财税部的税收优惠政策、科技部的数字化管理服务及教育部的高校就业等各部门的工作,各政府部门单一制定政策容易出现政策重复性高的问题,使得政策发布之后的实施工作烦琐拖沓。因此,众创空间政策的制定应进一步加强各部委的联合,明确各自的目标和责任分工,建立政策部门合作网络,使政府部门在关注自身职责范围内服务内容和存在问题的同时,也能高效地与其他部门形成协同效应,提高政策发布和实施的效率,推进各部门共同开展众创空间创业生态系统建设工作。

3. 政策实施：资源与驱动相匹配

政策的实施要注重众创空间内创业企业类型的多元化,为不同发展阶段、不同规模和类型的创业主体提供与需求相匹配的资源。如对于初创企业应更多地关注引导和资助,政策实施应偏向于硬件设备支撑和创业教育与培训。而对于商业化和成长阶段的创业企业而言,政策实施应更多地关注商业网络和品牌塑造等"软支持"的提供。同时,不同定位和特色的众创空间也需要实施与其发展相匹配的政策,各地区政府部门可以在资源供给之前对实施主体进行情况摸底,因空间所需给予针对性的政策资源,避免因政策落地与驱动政策制定因素不符而导致政策资源被浪费,如对于生态系统共生演化初期的众创空间,应加强财政补贴和物理性资源的供应;对于生态系统共生演化发展阶段的众创空间,应致力于提高创新创业活力,可通过举办创新创业活动和大赛的形式营造园区创业氛围;对于共生演化较成熟的众创空间,需要加大对外合作对接的帮助,协助打造特色化标杆空间,形成创业集聚效应。

4. 政策保障:形成良性循环机制

通过政策保障众创空间创业生态的良性发展,应形成从制定到实施再到反馈,最后进行调整的一整套良性循环。在政策制定过程中,要使用多样化的政策工具,形成具有针对性、科学性和适用性的众创空间政策体系;在政策实施和反馈过程中,要对各级单位的履职过程和众创空间内政策资源的流向进行监督,及时反馈众创空间创新创业生态建设的成效和政策落实的问题所在;最后根据政策的实际落实情况,对相应的政策工具进行调整、补充和废除,确保政府政策的上行下达与众创空间创业生态实践的下情上达相统一。

第七章

众创空间创业生态系统
共生机制
实现的策略研究

对于众创空间创业生态系统而言,要保障共生基质和共生能量的顺畅流通和转化,确保创业成果能够诞生并形成产业化,关键在于系统要达成共生关系稳定、共生种群良性演化、共生政策保障配套的共生机制。基于众创空间创业生态系统共生关系形成机制、共生种群演化机制,以及共生政策保障机制的研究成果,本章提出了众创空间创业生态系统共生机制实现的策略,以期为我国众创空间政策制定、众创空间创业生态优化及朝着互惠共生发展提供理论依据和决策参考。

第一节　促进众创空间创业生态系统共生关系形成

根据第四章的研究,创业企业和利益相关者在众创空间创业生态系统共生过程中环境适应力差、积极共生意愿不强烈、共生收益分配比例不合理等问题,会影响共生关系的形成与稳定。结合前述研究结果,本章从以下3个方面提出促进众创空间创业生态系统共生机制实现的策略。

一、强化共生环境适应能力

第一,创业企业需要对所处创业环境有清晰的认识。根据本书分析,众创空间创业生态系统中创业企业与利益相关者会受到"双创"政策法规、金融支持制度、技术更新迭代及系统共生氛围等创业环境的刺激。系统内企业可以通过积极关注国家政策、与行业内企业进行交流及参与众创空间创业生态系统内举办的专家问询活动等形式,了解创业风向标、政策导向、技术前沿和市场动态,增强企业自身的生存能力和持续创业能力,提升创业主体面对动荡的创业环境进行决策的灵活性,避免因闭门造车、故步自封而导致的创业风险。

第二,通过将众创空间创业生态系统视作一个复杂适应系统,本书分析了其所具备的地区根植性和开放有界性。企业需要对系统所处地区的市场特征、文化习俗和法律法规等予以关注，提高自身对系统所处地区文化环境的理解和适应能力，从而更好地融入系统共生环境。

第三，根据第四章的研究，创业主体可通过试错和积木块组合提升适应环境的能力。为降低试错成本和提升积木块组合的能力，创业企业和利益相关者应积极参加各类技能提升培训、孵化发展研修、路演及"双创"论坛等活动，通过在活动中模拟创业项目、与企业家相互交流、积累经验，创业企业和利益相关者不断地从周围环境中汲取知识、思路力和经验，发挥"经验学习曲线"效应，科学合理地把握自身发展阶段的关键问题，从而在面对创业环境刺激时能更高效地做出反应，提升面对动荡环境的可塑性和韧性。

二、 优化共生资源合理配置

根据第三章的分析，同质性高和定位不明确会致使众创空间无法为企业提供专业化和特色化的创业资源，共生资源配置不合理使得创业企业和利益相关者积极合作的意愿降低。众创空间创业生态系统内共生资源包括有形资源和无形资源，其中有形资源指政府和众创空间所提供的设备和办公空间等硬性资源，无形资源以服务为主体，包括创业培训和辅导、投资对接、媒体推荐、融资路演等资源。合理配置共生资源可以促使创业绩效最大化，提升共生主体之间的积极合作意愿，减少寄生行为产生的可能性；反之，则会造成资源冗余和浪费，不利于众创空间创业生态系统的良性共生。

1. 创业主体层面

对于创业主体而言，提升资源配置能力的前提是对自身优势和所需资源有清晰的认知。根据第四章的分析，企业所具备的"态""势"标识决定了其在众创空间创业生态系统中的生态地位，这是企业参与共生的基础。本书认为，系统内每个企业都应形成自身标识库，通过筛选和辨别异质性资源的平台，进行快捷的伙伴选择和资源对接，从而提升自身在合作形成和项目开展过程中的效率。创业企业和利益相关者需要充分认识到自身的核心竞争优势和资源缺口，有依据地制定伙伴选择目标。根据自身对于技术、客户群体、信息资源等的需求加入空间中的各类社群。通过将各创业主体所拥有的资源整合到创业网络中，更高效地与系统中资源供给方和需求方建立共生伙伴关系，促进资源交流共享，推动彼此之间的合作从点共生向连续共生和一体化共生转变,并进而形成领域内相对完整的创业生态,促进行业集聚和产业化发展。

此外,企业需要通过不断观察市场和技术变革的变化,从冗余资源中探寻具有创新价值的资源形式,探索、整合和配置资源,将其转化为适合自身发展的有效资源。通过充分利用众创空间创业生态系统所具备的服务功能,企业将各自所拥有的稀缺的、不可复制和模仿的创业资源,通过条件交换机制、资源转换机制、选择性交配机制与条件复制机制汇聚到一起,结合当地政府和园区管委会的各项政策、制度和各类平台进行高效配置和整合,在满足企业需求的基础上实现创新创业增值、集聚和溢出效应。

2. 众创空间运营方层面

众创空间运营方可以通过提供互补兼容的共生基质提升共生主体积极合作的意愿。共生基质是创业企业和利益相关者在共生系统内交流和互动的基础,众创空间作为"双创"活动的载体,应积极主动地构建财力和人力等共生基质流通的渠道,提供对系统内企业具有互补性和兼容性的配套资源。

众创空间运营方应充当起创业企业与利益相关者资源交流的桥梁,构建基于企业标识的资源对接平台,通过对当前创业环境的识别及充分考察,了解空间内企业的发展阶段与资源需求,为企业提供匹配性创新创业资源,提升空间内创业企业和利益相关者的共生系数,促进空间内良性共生关系的形成,承担起众创空间向互惠共生方向发展的责任。

首先,众创空间可以通过引进专家学者或开展在线直播课的形式,对当前创业政策、技术和市场环境及空间文化进行解读和宣传,使企业充分了解资质认定、项目资金管理等的适用范围和途径,提升企业实施创新创业活动的积极性,强化企业面对动荡的创业环境做出适应性反应的能力。例如,中关村于2021年上线了智能政策服务平台,园区内创业企业可以依托政策智能匹配系统,整合企业适用的资金支持专项,获得最大限度的资金赞助。

其次,众创空间可以尝试建立包括共性需求服务和特色服务的线上一站式多功能服务平台,企业可以在平台上建立自身的资源库和发布需求公告,由平台运营人员协同相关机构完成企业所申请的资源供给服务,确保创业企业可以集中精力进行创新创业活动,致力于创新成果的产出。此外,众创空间可以通过推广最小可行性产品测试和体验测试,完成创业模式的初步形成,搜集企业所面向客户和市场的需求,降低创业企业的试错成本和利益相关者的合作风险。

最后,在"双创"战略的背景下,众创空间创业生态系统应形成具有专业技术条件的服务运营模式。一方面,要鼓励具有针对性、特色化和高质量的中介机构、创新中心、孵化器等积极供给和共享服务,优化创新创业资源的流通和配置,促进众创空间创业生态系统内创新成果转化并形成品牌特色。另一方面,要加强共生主体之间的信息沟通,通过创新创业大赛、交流分享会及各类培育计划等形式交流和分享创新创业成果,提升共生主体之间资源匹配和互补的机会,促进多样性共生关系的形成。

三、 重视共生单元利益诉求

公平合理的收益分配是共生关系稳定和促进共生收益扩散的前提。根据第四章演化博弈结果显示,收益分配的公平程度对共生关系的平衡起着决定性作用:当系统内利益分配严重失衡时,创业企业和利益相关者均会选择寄生行为,共生关系最终会走向破裂。因此,在共生伙伴关系成立时,企业之间要签订明确投入和收益原则的契约,并在后续创业活动实施过程中以此为依据分配共生成果转化的收益,在清晰合理的收益分配下,创业企业和利益相关者会更积极地参与共生。在共生关系发展阶段,创业企业与利益相关者要形成一致的共生资源互补和兼容目标,明确利益共同体的观念,重视共生伙伴的利益诉求,不为短期利益与一己私欲采取寄生行为,积极在创业活动进程中建立利益共享、分配和协调机制,以合理公平为导向进行共生收益分配,坚持透明公开、协商一致、公平高效等分配原则,切实维护和保障共生主体收益的获取,倡导主体间长久稳定的共生关系。

对于政府而言,为了降低甚至消除创业企业与利益相关者因利益分配不均所产生的冲突,政府要发挥其权力机构的作用,加强对驱动共生主体利益平衡的政策制定和监督,适时地通过介入手段保障创新创业者的合法权益,确保众创空间创业生态系统的良性共生发展。各地政府应推动园区管委会建立完善的组织协调机制,当共生主体间出现利益纠纷时,管委会等部门应积极充当"协调者",在确保不打击创业企业和利益相关者共生积极性的情况下,及时调查、纠正共生关系中的利益分配问题,合理地甄别纠纷原因并制定相应解决措施,形成政府主导,空间运营方、利益相关者和创业企业共同参与的规则协商、收益分配和权益保障机制,致力于营造众创空间创业生态系统良好稳定的共生氛围。

📖 第二节　推动众创空间创业生态系统共生种群演化

根据第三章和第五章的研究,众创空间创业生态的困境主要体现在空间定位模糊、同质性高、创业主体关系松散及监管缺位等方面。推动众创空间创业生态系统共生种群向互惠共生方向演化,应以提升创业主体共生系数、激发创新创业活力和完善创业生态为着力点,通过营造良好的共生环境和多样化共生种群等途径来实现。

一、 提升创业主体的共生系数

1. 营造"双创"适宜的共生环境

一方面,任何一个众创空间都应营造包容失败、鼓励创新的创业生态文化氛围。创业作为一项高风险、高压力和高挑战的"三高"工作,创业者的思维和心智变化对创业项目的开展及共生关系的维系具有一定影响。面对外部环境的冲击,共生主体尤其是新创企业更是承受着巨大的心理压力,众创空间运营方需要加强对创业者创业焦虑和创业失败等回避型情绪的调节,做好各项补贴政策的宣传,动态掌握创业企业和服务机构的生存发展状况,通过组织各项线上线下的创业大赛、"双创"论坛和优秀企业评比,让创业个体和创业团队能在系统内产生成就感和归属感,感受到众创空间创业生态系统共生体"家庭般"的关怀。

另一方面,生态系统的生命力在于其开放性和多样性,新兴生态和创新的商业模式往往在自由度更高、更友善和共生度更高的环境中孕育和诞生。众创空间发展重点应从单纯的创新创业要素累积向鼓励创新要素整合转变,要努力形成系统内全方位、多角度和开放性的创新创业扶持机制,构建以创业企业、科研院所、高端人才、中介机构、金融机构和创新平台等为创新创业要素,市场环境、政策环境、技术环境有机结合,具备文化融合、环境友好、要素聚集和主体共生结构特征的创业生态系统,通过为创新创业项目提

供专业化、特色化的服务,为创业企业发展注入持久的精神动力和资源
支撑。

2. 明确系统自身发展特色

众创空间运营方需要重视系统演化所呈现的路径依赖性。根据第五章
的分析,众创空间创业生态系统在演化过程中会呈现对系统形成初期行业
选择和运行模式的"放大器效应",因此众创空间运营方应明确自身的运行
机制、盈利模式和特色行业。

一方面,要努力从过去同质化的数量增长向寻找差异化、打造特色化、
深化与产业结合方向转变,挖掘自身特色,建立明确的空间定位,根据自身
所定位的行业需求和运行状况,获取所需的政策资源,坚决杜绝以"食租者"
的形式维持盈利、引入非创业项目滥竽充数、攫取政府补贴等行为。众创空
间需加强提升空间人才队伍建设,培养核心技术创新力和市场竞争力,改变
租赁设备和场地供给这类简单服务形式,将焦点放到提供更加高端、先进并
具有高附加值的服务上,形成具有不同特色的众创空间,真正实现众创空间
去同质化。

另一方面,空间运营方可以以系统内孵化成功的创业企业为辐射主体,
借助地理邻近性的优势,形成以龙头企业所处行业和地区为定位的系统特
色,大力推广空间发展理念,不断优化系统的管理运营,展现自身相较于其
他生态系统在行业中的地位和优势,打造出独具特色且鼓舞人心的共生环
境,逐渐增强行业竞争力,耦合各类扶持机构形成共生种群,吸引创新创业
资源,促进创业企业和利益相关者之间的互动,进而通过众创空间创业生态
系统所具备的正向反馈机制,利用资源流通和共生种群带动系统向互惠共
生演化,形成良性循环。例如,杭州梦想小镇众创空间,集聚以"阿里系、浙
大系、海归系、浙商系"为代表的创业"新四军",成为全国互联网创业创新
高地,通过建设云栖小镇,杭州转塘科技经济园区升级成为全国云计算产业
先发地。

3. 减少系统内寄生行为的产生

众创空间的管理机构和运营方要注重对系统的监管和治理。首先,众
创空间运营方要根据自身定位建立必要的审核机制,致力于培育优质创新
创业企业,避免因大量创新程度和专业化过低的企业入驻,导致难以实质性

地促进创新创业,寄生行为大量出现,最终造成众创空间资源浪费的现象。其次,众创空间运营方要尽量遏制寄生行为对创业生态良性共生的干扰。对于处于发展较稳定阶段的众创空间创业生态系统来说,应该加强系统中对于寄生收益追求者的监管,努力维护创业生态系统共生关系的平衡。系统中的管理机构或金融机构,需要根据共生主体的合作情况,适时制定相关制度,确保共生主体进行规范化的合作。例如,金融机构可以通过证券、银行或保险行业,为建立伙伴关系的创业主体解决企业融资难题,降低创业项目风险,从而减少系统内的寄生行为,推动众创空间内主体共生关系的稳步发展。

创业企业和利益相关者要通过摆正自身对创业活动的认识,减少侵犯合作方利益的寄生行为的产生。创业企业要有选择地借助政府政策对众创空间的扶持资源,明确自身企业发展的需求,不过分为了迎合政策而偏离自身发展模式,积极运用政府所给予的各类资源创新创业,推动自身与利益主体间信息的流动和获取;众创空间内中介机构、科技孵化器等利益相关者不能仅满足于孵化企业数量的规模化增长,而要依靠创新,积极探索走主题式、精品化、专业化、特色化的发展道路,实现自身良性运转,努力迈向高质量发展。

本书研究发现,恰当的政府激励政策和惩罚力度能够对众创空间创业生态系统共生关系的平衡起到正面作用。因此,政策内容应引导与监管并施。一方面,需要持续统筹各方资源,给予共生主体尤其是创业企业以资金、技术和人才支持,可通过开展绩效考评和表彰、"专精特新"企业评比等形式吸引"双创"主体内聚。另一方面,国内创业企业通过标榜"创新"攫取政府补贴的现象屡见不鲜,众创空间为片面追求企业入驻数量,对创业企业的专业化程度和服务机构资源供给质量视而不见,研究结果也显示低惩罚力度无法对众创空间创业生态系统中的寄生行为产生约束作用。政府部门可以调动公众、媒体和系统内主体等各方力量,共同监督和治理众创空间创业生态系统,该采取强制措施的不应纵容,通过构建良好的创业秩序和创业制度体系减少共生关系中的不稳定性,从而提升创业主体的共生系数。

二、 打造规模层次丰富的共生平台

根据第五章的研究,单纯依靠创业企业和利益相关者种群数量的提升无法真正实现系统发展规模的最大化，相较于数量上的聚集，众创空间更应重视创新交流和互惠共生关系的形成。

一方面，众创空间应尽可能汇聚和构建更多类型的"双创"资源和孵化平台，在强化多元参与的同时，吸收拥有异质性和互补性资源的产权人加入，鼓励各校企机构和个人等社会资本及混合资本参与众创空间的建设，加快形成众创空间建设模式的多样化格局和市场化运行机制，促进系统内不同层级共生网络的构建，吸纳各类创业型企业和人才及团队入驻空间，从而提高创业和就业的承载能力。空间运营方可以根据所形成的具有特色的产业，借助地理邻近性的优势，耦合各类孵化器形成集群吸引资源、促进联系，通过资源与联系又能进一步带动集群升级与发展，形成良性循环与互动。

另一方面，众创空间应发挥生态系统的自组织特性，积极打造各类孵化器尤其是龙头企业主导的孵化平台在系统内的嵌套，通过这类嵌套将众创空间创业生态系统交由专业的孵化器运营，利用孵化器之间的"比学赶帮超"，发挥不同类型创业服务机构在各自服务方向和运营模式上的优势和特点，有针对性地给予创业企业帮助，促进系统向更高层级演化。通过多元化服务手段与平台，实现畅通的渠道、有效的手段和合适的平台的有机融合，从而强化共生关系中可供发现规则的途径与条件复制机制。众创空间创业生态系统内共生单元的集聚不能仅停留在"物理"层面，更关键的是要实现系统内不同企业间的相互影响，将企业"物理"数量上的集聚转化为"化学"创新上的集聚，从而在共生单元之间形成互惠共生关系，诞生新的成果和附加值。

📖 第三节 完善众创空间创业生态系统共生政策保障

本书通过研究发现，适度的政府激励策略可以提升共生主体积极合作的意愿。众创空间作为未来很长一段时间内"双创"事业的载体，要始终保持对其政策上的支持、引导和激励，通过降低创业准入门槛，提供场地、设备、创业补贴等资源进一步保障创业项目落地，确保众创空间创业生态系统能平稳运行。前人关于众创空间在政策激励上的对策建议较为丰富，例如要强化对人才的引进资助、进一步加大简政放权、提升政策扶持力度等，在此不多做重复性赘述。本书从以下两个方面提出完善众创空间创业生态系统共生政策保障的对策。

一、　因空间制宜实施多样化的政策工具

在第三章实证研究中,笔者发现各地区众创空间创业生态发展存在"冷热不均"的情况,在投入冗余和产出不足的程度上也存在差异。面对不同地区、不同众创空间创业生态系统类型及企业不同的创业阶段,应使用符合其特点和需求的政策工具激励方式,以实现政策资源供给的针对性,达到各取所需、有的放矢的效果。处于规模报酬递减阶段的地区,可利用政府资金技术的引导,解决其培训活动投入冗余等问题,帮助缓解其外部创业环境上的劣势,这对提高其众创空间创业生态系统运行效率尤为重要;政府可以通过加强与创投机构的合作,充分利用其专业化能力引育创业主体、降低投资风险,加大中部和东北部地区众创空间创业生态系统中创业个体及团队的招引力度,减少寻租空间,改善中部和东北部地区众创空间入驻率低的问题。进一步支持中部、南部地区众创空间示范基地联盟的建立,探索众创空间创业生态系统优秀在孵企业跨地区梯次流动衔接模式的共生方式,在创业资源共享、产业链对接、共同孵化和运营等方面开展跨区域融通合作。提升众创空间创业生态系统开放性、拓宽系统边界,推动建设众创空间创业生态系统相互接续的创业生态服务体系,通过正向激励作用提高规模递减阶段众创空间创业生态系统共生共创的积极性。

此外,政策工具要形成多样化和一体化的共生保障机制。有针对性地筹办"双创"活动,充分发挥不同政策的引导作用。例如,对于缺乏运营指导和创业经验的企业而言,可多鼓励其参与创业培训、创业帮扶和创业大赛等活动;而对处于成长阶段缺乏市场联系和后续资金的创业企业而言,需要多协助企业建立外部网络合作关系,可通过支持筹融资平台规范发展,增强利益相关者对创业企业的融资支持。

根据第五章的研究,众创空间创业生态系统在随时间推进的共生演化过程中,会经历不同的阶段,面临不同的发展瓶颈,不同阶段的需求需要差异化的政策资源来满足。在发挥市场配置资源作用的基础上,各地政府在政策制定时需在广泛开展调研和走访的情况下,挖掘系统不平衡要素及症

结所在,了解区域众创空间创业生态发展情况和存在问题,准确定位该区域众创空间创业生态系统共生阶段,确保政策实施因"空间"和企业制宜,做到资源与需求相匹配。要有针对性地采用政策工具进行激励,通过提供经验丰富的企业家、天使投资人和专家顾问等形式为系统内企业和空间运营提供科学诊断和决策支持,以此来增强主体共生动力和系统内创业活力,确保政策工具释放叠加效应。

激发活力的前提是释放活力,对于创新创业活力不高或处于发展初期的众创空间创业生态系统,政府需要剪断束缚系统共生发展的"绳索",加强政策集成,通过简政放权,加大政策落实力度,降低创新创业成本,壮大创新创业群体。

对处于寄生或偏利共生阶段的众创空间创业生态系统,创业主体要素趋于复杂,新事物的涌现可能会打破系统已有的平衡,可以适当地加强对扰乱市场秩序、影响共生环境、导致市场失灵的行为的监管和治理,优化市场竞争环境,致力于营造公平、开放和充满活力的众创空间创业生态环境。

对处于互惠共生阶段的众创空间创业生态系统,此时系统内种群共生关系趋于稳定,彼此之间通过反复多次的磨合和合作形成连续甚至一体化的组织共生关系,此时政府可以选择退居其后,让权于系统内各类孵化组织,将工作主要聚焦于后勤保障和重大项目推进的介入。

二、 做好政策保障良性循环的顶层设计

根据第六章的分析,一方面,众创空间政策的制定应逐渐从"单一制定"为主向"联合制定"为主转变,特别要强化政府部门之间的协同联动,通过专家人才引进、大型项目驱动、前沿科技拉动,带动创新创业,切实提高政策支持的精准度和实效性,靶向发力,握指成拳,进而构建保障良性共生创业生态系统的长效机制,着重打好助力大众创业万众创新政策"组合拳"。

另一方面,政策的引导不能滞后于系统共生的实际发展,在政策具体落地实施过程中,可以通过建立工作目标责任制的形式,对创业扶持效果和政策资源供给情况进行考核,通过完善激励机制和监督机制,推进创新创业政策的有效落实;要强化督察问责机制,通过将任务具体化和细分化,及时对政策的落实情况和政府的履职过程进行监督。地方政府尤其是园区管委会要注重对政策实施效果的及时收集和跟进,对政策资源供给中不合理、不对口及冗余与不足之处及时向政策发布方反馈,从而实现政策实施过程中的快速调整和改进,保证政策调整、补充的及时性和有效性,减少政策实施过程中的"糊弄"现象,尽量避免一味地为了追求空间入驻率而忽视对创业企业的运营考评工作,形成"制定—实施—反馈—调整"良性循环的政策保障机制。

第八章

结论与展望

第一节　研究结论

伴随着"双创"战略持续而深入地推进,为更高效整合众创空间创新创业资源,为创业企业与利益相关者搭建资源互补、信息共享的互惠共生平台,为提升政策与众创空间共生发展之间的适配度,提高政策驱动力、支持力和激励力,本书结合共生理论、生态系统理论、复杂适应系统理论和利益相关者理论等,综合运用文献分析法、逻辑演绎法、数理模型与计算机仿真、实证分析法及案例分析等研究方法,构建了以研究框架为引导的,由共生关系形成机制、共生种群演化机制和共生政策保障机制所构成的系统性的众创空间创业生态系统共生机制研究。本书得出的主要结论如下。

(1)通过对众创空间创业生态系统共生机制研究框架的设计,得出以下结论:首先,国内各地区众创空间创业生态存在资源匹配不合理、空间入驻率低、专业化服务欠缺、地区发展"冷热不均"等问题,其根源在于众创空间定位模糊、同质性高以及治理缺位。其次,共生理论关注如何协调和凝聚主体关系、如何挖掘更高效的共处模式及如何更好地适应生态环境,能够为解决上述问题提供助力。在众创空间创业生态系统共生体中,各共生单元凭借自身所拥有的"双创"资源等共生基质,通过多样性的共生界面,形成共生关系,开展创业孵化和创新产出等活动。而作为共生环境的各类"双创"政策法规、金融支持环境、技术供给环境及平台合作环境等,是影响共生关系形成和共生系统演化的重要因素。共生要素间的沟通交流、复杂交互及协同共进,体现了众创空间创业生态系统共生的特质。最后,基于系统"形成—演化—保障"的研究逻辑所构建的众创空间创业生态系统共生机制是根据共生原理设计的兼具规范性、引导性及可持续性的制度安排。

(2)通过对众创空间创业生态系统共生关系形成机制的研究,得出以下结论:一方面,众创空间创业生态系统可以概念化为一种复杂适应系统,通过复杂适应系统理论中的标识机制、内部模型机制和积木机制可以刻画主体间的共生伙伴选择过程。另一方面,众创空间创业生态系统共生主体间关系的稳定性会受到共生意愿、政府监管力度和收益分配比例的影响。首先,创业企业和利益相关者共生关系的平衡受彼此积极合作意愿的影响较大,只有当双方意愿水平均处于中等以上时,才会形成稳定的共生关系,并且创业企业相较于利益相关者更期望长久稳定的共生关系。当系统内创业活力较低时,创业企业会比利益相关者更快地选择消极寄生行为。其次,政府激励政策对稳定共生关系具有一定的调节作用,然而当政策补贴力度过大时,创业企业和利益相关者会倾向于选择消极寄生行为。这或许是因为:① 当补贴力度过大时,创业主体会依赖补贴生存,单纯将政策资金作为创业资源的投入,自身挖掘机会和积极寻找共生伙伴的意愿随之降低;② 共生系统内创业主体对政策的盲目跟随,致使创业模式和企业类型的同质性偏高,系统内异质性资源的流通和交换受阻,共生主体积极合作的意愿逐渐减弱。研究还发现,当政府部门对系统内不履职行为的惩罚力度较小时,无法对共生关系起到有效的规制作用。最后,合理的共生收益分配比例有助于系统达到最优状态,创业企业出于对资本的积累和风险的规避,对收益分配比例的感知更为敏锐,预期收益和利润不足会影响创业企业的共生意愿,收益分配比例严重失调时,利益相关者会果断选择消极行为。

(3)通过对众创空间创业生态系统共生种群演化机制的研究,得出以下结论:众创空间创业生态系统共生种群演化模式符合 Logistic 增长模式。众创空间创业生态系统的共生演化模式取决于种群之间的共生系数;在互惠共生模式下,共生系数越大,系统内种群的成长规模上限就越高,众创空间创业生态系统的边界能够得以拓展,也更容易吸引优质企业和创业扶持机构,从而促进行业集群化的形成;种群的初始规模和自然增长率会对共生演化的效率产生影响,但不会左右系统最终的规模和状态,相较于众创空间内企业数量上的"聚集",创新思想交流等质量上的"提升"显得更加关键;在互惠共生模式下,创业企业和利益相关者的成长幅度最大,这是众创空间创业生态系统演化的最优方向。本书通过仿真结果和对中关村经验的总结,得出可以从打造多样化的种群规模、借助政策利好提升系统演化上限和提高共生种群共生系数这 3 个途径来推动众创空间创业生态系统共生种群的演化。

（4）通过对众创空间创业生态系统共生政策保障机制的研究，得出以下结论：目前国家众创空间政策制定的作用层面和政策视角较完备，政策倾向多为激励方式，缺乏强制性政策内容的制定；部分地方政策缺乏以自身区域特征为切入点的建议，针对性不强，未对激励范围做更为详细的界定；众创空间创业生态系统共生的政策保障机制包括驱动、主体、过程、优化和产出五大要素。众创空间创业生态系统共生发展需求决定了政府共生政策的目标，在政策目标的驱动下，通过"主体—过程—优化"三大要素构成的实施机制推动地区众创空间创业生态系统的共生发展。与此同时，由于可能存在的政策"滞后性"和"时效性"，在经历一段时间的众创空间发展和政策适应后，政府部门会对政策目标做出相应的调整，进一步影响"主体—过程—优化"要素中各共生主体、共生平台、共生环境、共生引导措施和共生治理方式的变化，并再一次作用于政策目标，不断循环以促进众创空间创业生态系统共生发展。

（5）基于理论分析与机制研究结果，结合创业主体、众创空间运营方、政府部门等众创空间创业生态系统共生单元，本书认为要从以下3个方面着手推动众创空间创业生态系统共生的实现：一是要通过强化共生主体环境适应能力、优化共生资源的合理配置和重视共生单元的利益诉求，促进众创空间创业生态系统共生关系的形成；二是通过提升创业主体共生系数和打造规模丰富的共生平台推动共生种群演化；三是通过实施多样化的政策工具和做好政策保障良性循环的顶层设计以完善共生政策保障。

第二节 研究的不足与展望

由于客观条件和笔者自身水平的限制，本书的研究过程稍显简略，部分观点较为片面，总的来说尚存在以下几点不足：

（1）在共生伙伴选择研究中，由于研究时间和方法掌握的限制，仅构建了生态位标识体系、刺激—反应模型和回声模型，未对所构建的模型机制进行计算实验研究。计算实验可以通过编程建模实现对社会现象的模拟仿真，在未来研究中，可以通过实地调研获取实际数据，并进行模拟分析，充实完善众创空间创业生态系统共生伙伴选择的研究。

（2）由于国内众创空间发展时间短,限于数据的可得性和研究对象的代表性,本书仿真模拟中部分参数未采用实际数据,未来可以随着众创空间创业生态系统的发展逐步展开广泛的调研获取种群数量等相关数据,实证检验国内众创空间创业生态系统的共生阶段。

（3）本书是从政策文本角度进行的政策评价分析,尽管梳理了国家众创空间政策的政策保障路径和可供改进的方向,但未测量不同政策工具对众创空间发展的实际作用效果。由于通过众创空间创业生态系统建设推动"双创"事业是一项长期工程,未来可以基于文章研究结论对政策具体实施效果进行实证分析。

（4）为契合研究的需要,本书将众创空间创业生态系统共生主体划分为创业企业、利益相关者和政府。其中,利益相关者包括的主体种类多种多样,本书未能深入研究每一类主体的特性和行为决策,研究结果可能失之偏颇。未来的研究可以聚焦众创空间创业生态系统中某一类利益相关者,深入研究其与创业企业之间伙伴选择和共生关系平衡上的微观互动机制。

（5）虽然本书基于"形成—演化—保障"的体系对众创空间创业生态系统进行了系统研究,在一定程度上具有理论和现实价值,但共生机制的研究不局限于某一种结构框架,共生作为一个系统性的问题和目标,对其研究应从多维度和多视角展开。对于众创空间创业生态系统共生机制的研究还有很多切入点,本书所建立的研究框架内的每一个子机制都可以深入展开研究。笔者深刻地意识到自身研究对于促进众创空间创业生态共生这一目标贡献甚微,后续会继续以创业生态系统共生为主题,进一步基于现实问题形成科学问题,探讨实现系统共生的途径,力求补充和完善众创空间创业生态系统共生主题研究。

参考文献

［1］COHEN B. Sustainable valley entrepreneurial ecosystems［J］. Business Strategy and the Environment, 2006, 15(1): 1-14.

［2］刘林青, 夏清华, 周潞. 创业型大学的创业生态系统初探: 以麻省理工学院为例［J］. 高等教育研究, 2009, 30(3): 19-26.

［3］O'SHEA G, FARNY S, HAKALA H. The buzz before business: a design science study of a sustainable entrepreneurial ecosystem［J］. Small Business Economics, 2021, 56(3): 1097-1120.

［4］AUDRETSCH D B, Cunningham J A, Kuratko D F, et al. Entrepreneurial ecosystems: economic, technological, and societal impacts［J］. The Journal of Technology Transfer, 2019, 44(2): 313-325.

［5］SZERB L, LAFUENTE E, HORVÁTH K, et al. The relevance of quantity and quality entrepreneurship for regional performance: the moderating role of the entrepreneurial ecosystem［J］. Regional Studies, 2019, 53(9): 1308-1320.

［6］CREDIT K, MACK E A, MAYER H. State of the field: data and metrics for geographic analyses of entrepreneurial ecosystems［J］. Geography Compass, 2018, 12(9): 1-22.

［7］陈夙, 项丽瑶, 俞荣建. 众创空间创业生态系统: 特征、结构、机制与策略: 以杭州梦想小镇为例［J］. 商业经济与管理, 2015, 25(11): 35-43.

［8］林嵩. 创业生态系统: 概念发展与运行机制［J］. 中央财经大学学报, 2011, 31(4): 58-62.

［9］张玲斌, 董正英. 创业生态系统内的种间协同效应研究［J］. 生态经济, 2014, 30(5): 103-105.

［10］孙金云，李涛. 创业生态圈研究：基于共演理论和组织生态理论的视角［J］. 外国经济与管理，2016，38(12)：32-45.

［11］LI Z W, LIU J X, WANG F R, et al. Projectification and partnering：An amalgamated approach for new venture creation in an entrepreneurial ecosystem［J］. Emerging Markets Finance and Trade，2020，56(13)：3134-3152.

［12］李正卫，刘济浔，潘家栋. 创业生态系统中的政府治理：新创企业成长视角［J］. 科研管理，2019，40(12)：42-50.

［13］谢智敏，王霞，杜运周，等. 创业生态系统如何促进城市创业质量：基于模糊集定性比较分析［J］. 科学学与科学技术管理，2020，41(11)：68-82.

［14］张哲. 生态隐喻方法论下的创业生态系统建构［J］. 经济管理，2021，43(7)：93-106.

［15］杜千卉，张玉臣，廖凯诚. 专业服务机构如何主导创业生态系统构建及运行?：基于飞马旅的案例研究［J］. 科学学与科学技术管理，2021，42(10)：119-138.

［16］MOTOYAMA Y, KNOWLTON K. Examining the connections within the startup ecosystem：A case study of St. Louis［J］. Entrepreneurship Research Journal，2017，7(1)：1-32.

［17］刘霞，章仁俊. 基于 CAS 理论的区域创业系统建设研究［J］. 科技进步与对策，2008，25(11)：49-52.

［18］杨勇，王志杰. 区域科技创业生态系统运行机制及政策仿真研究［J］. 科学学与科学技术管理，2014，35(12)：99-108.

［19］甘静娴，芮正云. "双创"时代高校创客空间的复杂适应系统分析及优化策略［J］. 科技进步与对策，2018，35(7)：113-117.

［20］王转弟，马红玉. 创业环境、创业精神与农村女性创业绩效［J］. 科学学研究，2020，38(5)：868-876.

［21］李华晶，倪嘉成. 绿色创业生态系统的概念内涵与研究进路［J］. 研究与发展管理，2021，33(4)：54-68.

［22］ISENBERG D. The entrepreneurship ecosystem strategy as a new paradigm for economic policy［J］. Institute of International and European Affairs, 2011, 1(781): 1-13.

［23］ZAHRA S A, NAMBISAN S. Entrepreneurship and strategic thinking in business ecosystems［J］. Business Horizons, 2012, 55(3): 219-229.

［24］PITELIS C. Clusters, entrepreneurial ecosystem co-creation, and appropriability: a conceptual framework［J］. Industrial and Corporate Change, 2012, 21(6): 1359-1388.

［25］THEODORAKI C, MESSEGHEM K, RICE M P. A social capital approach to the development of sustainable entrepreneurial ecosystems: an explorative study［J］. Small Business Economics, 2018, 51(1): 153-170.

［26］SRINIVASAN A, VENKATRAMAN N. Entrepreneurship in digital platforms: a network-centric view［J］. Strategic Entrepreneurship Journal, 2018, 12(1): 54-71.

［27］刘文光, 赵涛, 边伟军. 区域科技创业生态系统评价: 框架与实例［J］. 科技进步与对策, 2013, 30(1): 43-49.

［28］周方涛. 基于 AHP-DEA 方法的区域科技创业人才生态系统评价研究［J］. 管理工程学报, 2013, 27(1): 8-14.

［29］汪忠, 廖宇, 吴琳. 社会创业生态系统的结构与运行机制研究［J］. 湖南大学学报(社会科学版), 2014, 28(5): 61-65.

［30］项国鹏, 宁鹏, 罗兴武. 创业生态系统研究述评及动态模型构建［J］. 科学学与科学技术管理, 2016, 37(2): 79-87.

［31］张延平, 冉佳森, 黄敬伟, 等. 专业孵化器主导的创业生态系统价值共创: 基于达安创谷的案例［J］. 南开管理评论, 2022, 25(3): 105-119.

［32］蔡莉, 彭秀青, Nambisan S, 等. 创业生态系统研究回顾与展望［J］. 吉林大学社会科学学报, 2016, 56(1): 5-16, 187.

［33］沙德春, 孙佳星. 创业生态系统 40 年: 主体—环境要素演进视角［J］. 科学学研究, 2020, 38(4): 663-672, 695.

［34］邬爱其, 刘一蕙, 宋迪. 区域创业生态系统对农民创业绩效的影响: 来自浙江省的经验证据［J］. 农业技术经济, 2021, 40(1): 105-116.

［35］项国鹏, 高挺. 中国省域创业生态系统动态协同效应研究［J］.

地理科学, 2021, 41(7): 1178-1186.

[36] TRIPATHI N, OIVO M, LIUKKUNEN K, et al. Startup ecosystem effect on minimum viable product development in software startups [J]. Information and Software Technology, 2019, 114: 77-91.

[37] 程建青, 罗瑾琏, 杜运周, 等. 何种创业生态系统产生女性高创业活跃度? [J]. 科学学研究, 2021, 39(4): 695-702.

[38] FERNÁNDEZ M T, BLANCO JIMÉNZE F J. Cuadrado Boura J R. Business incubation: Innovative services in an entrepreneurship ecosystem[J]. The Service Industries Journal, 2015, 35(14): 783-800.

[39] STAM E. Entrepreneurial ecosystems and regional policy: A sympathetic critique[J]. European Planning Studies, 2015, 23(9): 1759-1769.

[40] AUDRETSCH D B, BELITSKI M. Entrepreneurial ecosystems in cities: establishing the framework conditions[J]. The Journal of Technology Transfer, 2017, 42(5): 1030-1051.

[41] ZHAO W X, ZOU Y H. Creating a makerspace in a characteristic town: The case of Dream Town in Hangzhou[J]. Habitat International, 2021, 114, 102399.

[42] 朱秀梅, 林晓玥, 王天东. 数字创业生态系统动态演进机理:基于杭州云栖小镇的案例研究[J]. 管理学报, 2020, 17(4): 487-497.

[43] SONG Y, ESCOBAR O, ARZUBIAGA U, et al. The digital transformation of a traditional market into an entrepreneurial ecosystem[J]. Review of Managerial Science, 2022, 16(1): 65-88.

[44] 杨勇, 全甜甜. 开放策略对数字创业平台企业绩效影响的仿真研究[J]. 管理学报, 2022, 19(2): 213-224.

[45] 郝政, 何刚, 王新媛, 等. 创业生态系统组态效应对乡村产业振兴质量的影响路径:基于模糊集定性比较分析[J]. 科学学与科学技术管理, 2022, 43(1): 57-75.

[46] CAO G H, ZHANG J. Is a sustainable loop of economy and entrepreneurial ecosystem possible? A structural perspective[J]. Environment Development and Sustainability, 2021, 23(5): 7002-7040.

［47］ BICHLER B F, KALLMUENZER A, PETERS M, et al. Regional entrepreneurial ecosystems：How family firm embeddedness triggers ecosystem development[J]. Review of Managerial Science, 2022, 16(1)：15-44.

［48］ 王海花,熊丽君,李玉. 众创空间创业环境对新创企业绩效的影响[J]. 科学学研究, 2020, 38(4)：673-684.

［49］ 秦斐, 温珂. 构建有效的高校创新创业生态系统:制度安排与动力机制[J]. 科学学研究, 2018, 36(4)：601-608.

［50］ JOHNSON D, BOCK A J, GEORGE G. Entrepreneurial dynamism and the built environment in the evolution of university entrepreneurial ecosystems[J]. Industrial and Corporate Change, 2019, 28(4)：941-959.

［51］ FUSTER E, PADILLA-MELÉNDEZ A, LOCKETT N, et al. The emerging role of university spin - off companies in developing regional entrepreneurial university ecosystems：the case of Andalusia[J]. Technological Forecasting and Social Change, 2019, 141：219-231.

［52］ 原长弘, 张树满. 科研院所高效科技创业生态系统构建研究[J]. 科技进步与对策, 2019, 36(5)：18-25.

［53］ QIAN H F. Knowledge-based regional economic development：A synthetic review of knowledge spillovers, entrepreneurship, and entrepreneurial ecosystems[J]. Economic Development Quarterly, 2018, 32(2)：163-176.

［54］ YI G F. Cross - border collaboration strategies in academic entrepreneurship of new R&D institutions：insights from explorative case studies in China[J]. Science Technology and Society, 2019, 24(2)：288-315.

［55］ ALVES A C, FISCHER B, VONORTAS N S, et al. Configurations of knowledge - intensive entrepreneurial ecosystems [J]. Revista De Administracao De Empresas, 2019, 59(4)：242-257.

［56］ CUNNINGHAM J A, MENTER M, WIRSCHING K. Entrepreneurial ecosystem governance：A principal investigator-centered governance framework [J]. Small Business Economics, 2019, 52(2)：545-562.

［57］ ZHAO X, SHANG Y P, SONG M L. Industrial structure distortion and urban ecological efficiency from the perspective of green entrepreneurial ecosystems[J]. Socio-Economic Planning Sciences, 2020, 72: 1-11.

［58］王正沛, 李国鑫. 线上线下资源融合的新型创业生态系统研究
[J]. 管理学报, 2018, 15(6): 803-813.

［59］COLOMBELLI A, PAOLUCCI E, UGHETTO E. Hierarchical and
relational governance and the life cycle of entrepreneurial ecosystems[J]. Small
Business Economics, 2019, 52(2): 505-521.

［60］WURTH B, STAM E, SPIGEL B. Toward an entrepreneurial
ecosystem research program[J]. Entrepreneurship Theory and Practice, 2022,
46(3):729-778.

［61］KHATAMI F, SCUOTTO V, KRUEGER N, et al. The influence of
the entrepreneurial ecosystem model on sustainable innovation from a macro-
level lens[J]. International Entrepreneurship and Management Journal, 2022,
18(4):1419-1451.

［62］ROCHA A, BROWN R, MAWSON S. Capturing conversations in
entrepreneurial ecosystems[J]. Research Policy, 2021, 50(9): 104317.

［63］LÔ A, THEODORAKI C. Achieving interorganizational ambidexterity
through a nested entrepreneurial ecosystem [J]. IEEE Transactions on
Engineering Management, 2021, 68(2): 418-429.

［64］NIKOLAOU I E, NIKOLAIDOU M K, TSAGARAKIS K P. The
response of small and medium-sized enterprises to potential water risks: An eco-
cluster approach[J]. Journal of Cleaner Production, 2016, 112(5): 4550-4557.

［65］SCOTT S, HUGHES M, RIBEIRO-SORIANO D. Towards a network-
based view of effective entrepreneurial ecosystems[J]. Review of Managerial
Science, 2022, 16(1): 157-187.

［66］DING Y Y. Symbiotic relationship between smart enterprises in an
entrepreneurial ecosystem[J]. Enterprise Information Systems, 2022, 16(3):
494-507.

［67］宋姗姗. 创业生态系统的共生形成及演化研究[D]. 长春: 吉林
大学, 2018.

［68］BERGER E S C, KUCKERTZ A. Female entrepreneurship in

startup ecosystems worldwide[J]. Journal of Business Research, 2016, 69 (11): 5163-5168.

[69] SU F, CHANG J B, LI X. Research on the evolution path and influence factors of core enterprise oriented entrepreneurship ecosystem under the government regulation[J]. Ieee Access, 2021, 9: 90863-90880.

[70] 胡浩, 李子彪, 胡宝民. 区域创新系统多创新极共生演化动力模型[J]. 管理科学学报, 2011, 14(10): 85-94.

[71] 叶斌, 陈丽玉. 区域创新网络的共生演化仿真研究[J]. 中国软科学, 2015(4): 86-94.

[72] 欧忠辉, 朱祖平, 夏敏, 等. 创新生态系统共生演化模型及仿真研究[J]. 科研管理, 2017, 38(12): 49-57.

[73] 张影, 高长元, 王京. 跨界创新联盟生态系统共生演化模型及实证研究[J]. 中国管理科学, 2022, 30(6):200-212.

[74] 李洪波, 史欢. 基于扩展 Logistic 模型的创业生态系统共生演化研究[J]. 统计与决策, 2019, 35(21): 40-45.

[75] 张秀艳, 白雯, 郑雪. 我国区域经济韧性的关联识别与演化特征分析[J]. 吉林大学社会科学学报, 2021, 61(1): 90-101,237.

[76] ZHOU H, HAN X R, WANG L. Characterization and evolution of a digital economy ecosystem based on an interspecies competition model[J/OL]. Journal of Mathematics, 2022, DOI: 10. 1155/ 2022/8237884.

[77] ANDERSON C. Makers: the new industrial revolution[M]. New York: Crown Business, 2012.

[78] TROXLER P. Commons-based peer-production of physical goods: is there room for a hybrid innovation ecology? [J/OL]. Social Science Research Network Electronic Journal, 2010, DOI: 10.2139/ ssrn. 1692617.

[79] HUNSINGER J. The social workshop as PLE: lessons from hacklabs [C]. PLE Conference. Southhampton: ResearchGate, 2011: 1-11.

[80] 解学芳, 刘芹良. 创新 2.0 时代众创空间的生态模式:国内外比较及启示[J]. 科学学研究, 2018, 36(4): 577-585.

[81] 陈武, 李燕萍. 嵌入性视角下的平台组织竞争力培育:基于众创

空间的多案例研究［J］. 经济管理, 2018, 40(3): 74-92.

［82］ARTHURS J D, BUSENITZ L W. Dynamic capabilities and venture performance: the effects of venture capitalists［J］. Journal of Business Venturing, 2006, 21(2): 195-215.

［83］王海花, 李玉, 熊丽君, 等. 依存型多层网络视角下众创空间地方政策供给研究: 以上海市为例［J］. 研究与发展管理, 2019, 31(6): 13-23.

［84］GRANOVETTER M S. The strength of weak ties［J］. American Journal of Sociology, 1973, 78(6): 1360-1380.

［85］卫武, 倪慧. 众创空间生态系统网络的强弱关系分析［J］. 科学管理研究, 2020, 38(2): 24-28.

［86］黄钟仪, 向玥颖, 熊艾伦, 等. 双重网络、双元拼凑与受孵新创企业成长: 基于众创空间入驻企业样本的实证研究［J］. 管理评论, 2020, 32(5): 125-137.

［87］张卓, 魏杉汀. 基于双网络视角的众创空间合作创新网络演化机制研究［J］. 科技进步与对策, 2020, 37(13): 10-19.

［88］黄世芳. 众创空间与区域创新系统的构建: 基于欠发达地区的视角［J］. 广西民族大学学报(哲学社会科学版), 2016, 38(1): 156-160.

［89］侯晓, 金鑫, 吴靖. CAS 视角下的众创空间特征及运作机制研究［J］. 情报杂志, 2016, 35(10): 195-200,119.

［90］向永胜, 古家军. 基于创业生态系统的新型众创空间构筑研究［J］. 科技进步与对策, 2017, 34(22): 20-24.

［91］张肃, 靖舒婷. 众创空间知识生态系统模型构建及知识共享机制研究［J］. 情报科学, 2017, 35(11): 61-65.

［92］BROWDER R E, ALDRICH H E, BRADLEY S W. The emergence of the maker movement: implications for organizational and entrepreneurship research［J］. Journal of Business Venturing, 2019, 34(3): 459-476.

［93］王丽平, 刘小龙. 价值共创视角下众创空间"四众"融合的特征与运行机制研究［J］. 中国科技论坛, 2017(3): 109-116.

［94］戴亦舒, 叶丽莎, 董小英. 创新生态系统的价值共创机制: 基于腾讯众创空间的案例研究［J］. 研究与发展管理, 2018, 30(4): 24-36.

［95］王海花,赵鹏瑾,周位纱,等.地理邻近性与众创空间成长[J].科学学研究,2022,40(1):160-171.

［96］CHESBROUGH H. Business model innovation: opportunities and barriers[J]. Long Range Planning, 2010, 43(13):354-363.

［97］VAN H E J. Makerspaces and local economic development[J]. Economic Development Quarterly, 2017, 31(2):164-173.

［98］HAN S Y, YOO J, ZO H, et al. Understanding makerspace continuance: a self-determination perspective[J]. Telematics and Informatics, 2017, 34(4):184-195.

［99］HUANG Y J, FERREIRA A F, HE Z. Impact of workspace environment on creativity and innovation: empirical evidence from a makerspace in China[J]. R&D Management, 2023,54(4):620-637

［100］刘志迎,孙星雨,徐毅.众创空间创客创新自我效能感与创新行为关系研究:创新支持为二阶段调节变量[J].科学学与科学技术管理,2017,38(8):144-154.

［101］黄钟仪,刘瀚宇,苏伟琳,等.众创空间创新氛围一定能促进创客创新?:个体—情境交互理论视角的实证研究[J].科学学与科学技术管理,2021,42(8):97-115.

［102］霍生平,赵葳.众创空间创客团队断裂带对创新行为的影响:基于知识共享的中介跨层研究[J].科学学与科学技术管理,2019,40(4):94-108.

［103］王庆金,李如玮.众创空间网络嵌入与商业模式创新:共生行为的中介作用[J].广东财经大学学报,2019,34(3):34-42.

［104］KERA D. Hackerspaces and DIYbio in Asia: connecting science and community with open data, kits and protocols[J]. Journal of Peer Production, 2012(2):1-8.

［105］LINDTNER S. Hackerspaces and the Internet of things in China: how makers are reinventing industrial production, innovation, and the self[J]. China Information, 2014, 28(2):145-167.

［106］王节祥,田丰,盛亚.众创空间平台定位及其发展策略演进逻

辑研究:以阿里百川为例[J]. 科技进步与对策, 2016, 33(11): 1-6.

[107] 卫武, 杨天飞, 温兴琦. 基于初创企业发展周期的众创空间服务与角色[J]. 科学学研究, 2021, 39(9): 1720-1728.

[108] 尹国俊, 蒋璐闻. 基于产权共享的众创空间资源聚合模式研究[J]. 科学学研究, 2021, 39(2): 356-364.

[109] JIN X, ZHANG M, HOU X. Research on performance optimization of crowd innovation space from the perspective of participation motivation[J]. Personal and Ubiquitous Computing, 2023,27(4):1537-1549.

[110] TAN T H, LUA K. Understanding users' and hosts' motives to co-working space: Case of Kuala Lumpur, Malaysia [J]. Open House International, 2021, 46(1): 81-95.

[111] LORNE C. The limits to openness: co-working, design and social innovation in the neoliberal city[J]. Environment and Planning A:Economy and Space, 2020, 52(4): 747-765.

[112] 张丹宁, 付小赟, 易平涛. 沈阳市众创空间产业集群发展路径研究:基于运营效率测度[J]. 东北大学学报(社会科学版), 2017, 19(1): 34-40.

[113] 李燕萍, 陈武. 基于扎根理论的众创空间发展质量评价结构维度与指标体系开发研究[J]. 科技进步与对策, 2017, 34(24): 137-145.

[114] 单鹏, 裴佳音. 众创空间绩效评价指标体系构建与实证[J]. 统计与决策, 2018, 34(20): 185-188.

[115] 陈章旺, 孙湘湘, 柯玉珍. 众创空间产业效率评价研究[J]. 福州大学学报(哲学社会科学版), 2018, 32(1): 33-40.

[116] 林妙昕, 杨诗炜, 陈修德, 等. 广东省众创空间的发展政策及发展现状评价[J]. 科技管理研究, 2021, 41(4): 32-42.

[117] FU P F, SARPONG D, MEISSNER D. Recalibrating, reconfiguring, and appropriating innovation: A semantic network analysis of China's mass innovation and mass entrepreneurship (MIME) initiatives[J]. The Journal of Technology Transfer, 2022, 47(5):1506-1523.

[118] 雷良海, 贾天明. 上海市众创空间扶持政策研究[J]. 上海经济

研究, 2017, 29(3): 32-39.

[119] 陈章旺, 柯玉珍, 孙湘湘. 我国众创空间产业政策评价与改进策略[J]. 科技管理研究, 2018, 38(6): 18-24.

[120] 臧维, 李甜甜, 徐磊. 北京市众创空间扶持政策工具挖掘及量化评价研究[J]. 软科学, 2018, 32(9): 56-61.

[121] 高涓, 乔桂明. 创新创业财政引导政策绩效评价:基于地方众创空间的实证检验[J]. 财经问题研究, 2019(3): 75-82.

[122] 赵逸靖, 千庆兰. 广州市众创空间现状特征及其满意度评价[J]. 科技管理研究, 2017, 37(22): 93-98.

[123] LI W L, GAO H. Symbiosis mechanism of academic journals and discipline construction in Chinese colleges[J/OL]. Discrete Dynamics in Nature and Society, 2021, DOI: 10. 1155/ 2021 / 7703972.

[124] 蒋慧杰. 中国工程咨询业群落企业共生研究[D]. 天津: 天津大学, 2012.

[125] 胡海, 庄天慧. 共生理论视域下农村产业融合发展:共生机制、现实困境与推进策略[J]. 农业经济问题, 2020, 41(8): 68-76.

[126] 王卓. 基于创新生态系统的产业联盟协同创新机制研究[D]. 哈尔滨: 哈尔滨理工大学, 2020.

[127] 张小燕. 我国区域创新生态系统共生性研究[D]. 哈尔滨: 哈尔滨工程大学, 2020.

[128] 杨剑钊. 高技术产业创新生态系统运行机制及效率研究[D]. 哈尔滨: 哈尔滨工程大学, 2019.

[129] 袁纯清. 共生理论及其对小型经济的应用研究(上)[J]. 改革, 1998(2): 100-104.

[130] 胡晓鹏. 产业共生:理论界定及其内在机理[J]. 中国工业经济, 2008(9): 118-128.

[131] 任迎伟, 胡国平. 产业链稳定机制研究:基于共生理论中并联耦合的视角[J]. 经济社会体制比较, 2008(2): 180-184.

[132] 曾燕, 许金花, 涂虹羽. "共生"关系下的控制权防御机制设计:以"万科与宝能系之争"为例[J]. 管理科学学报, 2018, 21(10): 97-111.

［133］PAN J L, LIN J. Construction of network entrepreneurial platform leadership characteristics model：based on the grounded theory［J］. Journal of Business Economics and Management, 2019, 20(5)：958-978.

［134］尚智丛, 田喜腾. 科学与社会秩序共生的理论探索［J］. 科学学研究, 2020, 38(2)：193-199.

［135］EDWARD W. CONSTANT Ⅱ. Why evolution is a theory about stability：Constraint, causation, and ecology in technological change［J］. Research Policy, 2002, 31(8)：1241-1256.

［136］张丹宁, 唐晓华. 网络组织视角下产业集群社会责任建设研究［J］. 中国工业经济, 2012(3)：82-94.

［137］LI J, YOUNG M N, TANG G Y. The development of entrepreneurship in Chinese communities：An organizational symbiosis perspective［J］. Asia Pacific Journal of Management, 2012, 29(2)：367-385.

［138］付苗, 张雷勇, 冯锋. 产业技术创新战略联盟组织模式研究:以 TD 产业技术创新战略联盟为例［J］. 科学学与科学技术管理, 2013, 34(1)：31-38.

［139］赵坤, 郭东强, 刘闲月. 众创式创新网络的共生演化机理研究［J］. 中国软科学, 2017(8)：74-81.

［140］李晓娣, 张小燕. 我国区域创新生态系统共生及其进化研究:基于共生度模型、融合速度特征进化动量模型的实证分析［J］. 科学学与科学技术管理, 2019, 40(4)：48-64.

［141］武小龙. 城乡对称互惠共生发展：一种新型城乡关系的解释框架［J］. 农业经济问题, 2018,39(4)：14-22.

［142］丁玲, 吴金希. 核心企业与商业生态系统的案例研究：互利共生与捕食共生战略［J］. 管理评论, 2017, 29(7)：244-257.

［143］蒋开东, 詹国彬. 共生理论视角下高校协同创新模式与路径研究［J］. 科研管理, 2020, 41(4)：123-130.

［144］梅亮, 陈春花, 刘超. 连接式共生：数字化情境下组织共生的范式涌现［J］. 科学学与科学技术管理, 2021, 42(4)：33-48.

［145］ZHANG L, ZHOU X, SHIRSHITSKAIA E. Millennials' entrepreneurial values, entrepreneurial symbiosis network and new ventures growth: Evidence from China[J]. Frontiers in Psychology, 2021, 12: 1-11.

[146] GLEASON H A. The vegetational history of the middle west[J]. Annals of the Association of American Geographers, 1922, 12: 39-85.

[147] TANSLEY A G. The use and abuse of vegetational concepts and terms[J]. Ecology, 1935, 16(3): 284-307.

[148] 丰佰恒, 佟泽华, 冯晓, 等. 科研大数据生态系统: 构成要素及关联关系[J]. 情报理论与实践, 2021, 44(9): 14-22.

[149] 张超, 陈凯华, 穆荣平. 数字创新生态系统: 理论构建与未来研究[J]. 科研管理, 2021, 42(3): 1-11.

[150] 龚艳青, 谭荣. "社会—生态系统"治理研究的原型分析: 概念、方法和展望[J]. 地理科学进展, 2021, 40(8): 1430-1438.

[151] SPILLING O R. The entrepreneurial system: On entrepreneurship in the context of a mega-event[J]. Journal of Business Research, 1996, 36(1): 91-103.

[152] ACS Z J, STAM E, AUDRETSCH D B, et al. The lineages of the entrepreneurial ecosystem approach[J]. Small Business Economics, 2017, 49(1): 1-10.

[153] CLOUTIER L, MESSEGHEM K. Whirlwind model of entrepreneurial ecosystem path dependence[J]. Small Business Economics, 2022, 59(2): 611-625.

[154] 李华晶. 绿色创业生态系统的创新机理研究[J]. 东南学术, 2020, 33(5): 126-135.

[155] 付韬, 张永安. 核型集群创新网络演化过程的仿真: 基于回声模型[J]. 系统管理学报, 2011, 20(4): 406-415.

[156] 裘希, 孙冰. 群落演替观点下产业技术的演化模型[J]. 系统管理学报, 2015, 24(4): 569-579.

[157] 许学国, 梅冰青, 吴耀威. 跨国公司: 代工企业知识转移主体行为研究[J]. 经济与管理研究, 2016, 37(4): 119-126.

[158] CHEN S C, CHUNG K C, TSAI M Y. How to achieve sustainable development of mobile payment through customer satisfaction-the SOR model

[J]. Sustainability, 2019, 11(22)：1-16.

[159] JIANG H, CHEN C, ZHAO S K, et al. Evolution of a technology standard alliance based on an echo model developed through complex adaptive system theory[J]. Complexity, 2020, 2020：1-15.

[160] CHEN Y Q, XU Y S, MA K H, et al. The knowledge system and organizational learning sequences of enterprises serving the elderly：evidence from China[J]. Knowledge Management Research & Practice, 2021, 21：677-690.

[161] 毛征兵，陈略，范如国. 中国开放经济系统及其发展模式的机理研究：基于复杂适应系统范式的解析[J]. 经济与管理研究, 2021, 42(1)：16-39.

[162] CHIASSON M, SAUNDERS C. Reconciling diverse approaches to opportunity research using the structuration theory[J]. Journal of Business Venturing, 2005, 20(6)：747-767.

[163] SNIHUR Y, REICHE B S, QUINTANE E. Sustaining actor engagement during the opportunity development process [J]. Strategic Entrepreneurship Journal, 2017, 11(1)：1-17.

[164] 刘志阳，李斌，庄欣荷. 初创企业创业机会迭代机制研究[J]. 科学学研究, 2019, 37(3)：500-516.

[165] DOGAN S Z, ARDITI D, GUNHAN S, et al. Assessing coordination performance based on centrality in an e-mail communication network[J]. Journal of Management in Engineering, 2015, 31(3)：1-8.

[166] 陈火全，胡日东. 利益相关者视角的电子商务园区商业模式升级研究：以国家级电商示范园福建德化产业园为例[J]. 中国软科学, 2017(10)：53-62.

[167] ERINA I, SHATREVICH V, GAILE S E. Impact of stakeholder groups on development of a regional entrepreneurial ecosystem[J]. European Planning Studies, 2017, 25(5)：755-771.

[168] GOSWAMI K, MITCHELL J R, BHAGAVATULA S. Accelerator expertise：understanding the intermediary role of accelerators in the development of the Bangalore entrepreneurial ecosystem [J]. Strategic Entrepreneurship

Journal, 2018, 12(1): 117-150.

[169] KNOX S, ARSHED N. Network governance and coordination of a regional entrepreneurial ecosystem[J]. Regional Studies, 2022, 56(7): 1161-1175.

[170] DUAN Y L, CHEN Y L, LIU S L, et al. The moderating effect of leadership empowerment on relational capital and firms' innovation performance in the entrepreneurial ecosystem: evidence from China [J]. Journal of Intellectual Capital, 2023, 24(1):306-326.

[171] ANDERSON T R, HOLLINGSWORTH K, INMAN L. The fixed weighting nature of a cross – evaluation model [J]. Journal of Productivity Analysis , 2002, 17(3): 249-255.

[172] CHARKHAM J. Corporate governance: lessons from abroad[J]. European Business Journal, 1992, 4(2):8-16.

[173] WIENER N. Generalized harmonic analysis[J]. Acta Mathematica, 1930, 55(1): 117-258.

[174] PRIGOGINE I. Symmetry breaking instabilities in dissipative systems[J]. Journal of Chemical Physics, 1967, 46(9): 3542-3550.

[175] 吕鲲. 基于生态学视角的产业创新生态系统形成、运行与演化研究[D]. 长春: 吉林大学, 2019.

[176] 雷光勇. 审计合谋与财务报告舞弊: 共生与治理[J]. 管理世界, 2004, 20(2): 97-103,116.

[177] 韩少杰, 吕一博, 苏敬勤. 企业孵化器孵化动机与治理机制的适配研究[J]. 管理评论, 2019, 31(11): 289-304.

[178] 刘继才, 刘珈琪, 周亦宁. 面子顾虑对PPP项目利益相关者承诺升级影响研究:基于政府和社会资本主体[J]. 管理工程学报, 2019, 33(4): 167-175.

[179] 徐示波. 我国众创空间发展政策作用效果评估[J]. 科技管理研究, 2020, 40(8): 27-34.

[180] CHRISMAN J J, ALAN B, HOFER C W. The determinants of new venture performance: An extended model [J]. Entrepreneurship Theory and

Practice, 1998, 23（1）: 5-29.

[181] 田毕飞, 丁巧. 中国新创企业国际创业自我效能、模式与绩效 [J]. 科学学研究, 2017, 35（3）: 407-418.

[182] MORRISON A J. Joint venture partner selection: strategies for developed countries[J]. Journal of International Business Studies, 1989, 20 （3）: 569-571.

[183] 黄春萍, 赵林, 刘璞, 等. 新创企业品牌联合伙伴选择的计算实验研究[J]. 中国管理科学, 2019, 27（8）: 129-141.

[184] 王发明, 朱美娟. 创新生态系统价值共创行为协调机制研究 [J]. 科研管理, 2019, 40（5）: 71-79.

[185] WAN X L, QIE X Q. Poverty alleviation ecosystem evolutionary game on smart supply chain platform under the government financial platform incentive mechanism[J]. Journal of Computational and Applied Mathematics, 2020, 372: 1-22.

[186] ZHAO Y T, DU Y S. Technical standard competition: An ecosystem-view analysis based on stochastic evolutionary game theory[J]. Technology in Society, 2021, 67: 1-7.

[187] 李婉红, 李娜, 刘芳. 绿色技术创新利益相关者的三群体演化博弈及其仿真[J]. 运筹与管理, 2021, 30（9）: 216-224.

[188] 张永安, 郄海拓. "大众创业、万众创新"政策量化评价研究:以 2017 的 10 项双创政策情报为例[J]. 情报杂志, 2018, 37（3）: 158-164,186.

[189] 何江, 闫淑敏, 谭智丹, 等. "人才争夺战"政策文本计量与效能评价:一个企业使用政策的视角[J]. 科学学与科学技术管理, 2020, 41 （12）: 52-70.

[190] 施杨, 赵曙明. 高层次创业人才政策工具挖掘及量化评价研究:基于江苏 6 个典型地区的调研[J]. 科学管理研究, 2021, 39（5）: 129-133.

[191] 李政, 罗晖, 李正风, 等. 基于质性数据分析的中美创新政策比较研究:以"中国双创"与"创业美国"为例[J]. 中国软科学, 2018（4）: 18-30.

[192] 董纪昌, 袁铨, 尹利君, 等. 基于 PMC 指数模型的单项房地产

政策量化评价研究:以我国"十三五"以来住房租赁政策为例[J]. 管理评论, 2020, 32(5): 3-13,75.

[193] 成全, 董佳, 陈雅兰. 创新型国家战略背景下的原始性创新政策评价[J]. 科学学研究, 2021, 39(12): 2281-2293.

[194] 李丽, 陈佳波, 李朝鲜, 等. 中国服务业发展政策的测量、协同与演变:基于 1996—2018 年政策数据的研究[J]. 中国软科学, 2020(7): 42-51.

[195] 宋大成, 焦凤枝, 范升. 我国科学数据开放共享政策量化评价:基于 PMC 指数模型的分析[J]. 情报杂志, 2021, 40(8): 119-126.

[196] 杜宝贵, 陈磊. 基于 PMC 指数模型的科技服务业政策量化评价:辽宁及相关省市比较[J]. 科技进步与对策, 2022, 39(1): 132-140.

[197] 刘建朝, 李丰琴. 京津冀产业协同政策工具挖掘与量化评价[J]. 统计与决策, 2021, 37(20): 76-80.

[198] 王卓. 基于创新生态系统的产业联盟协同创新机制研究[D]. 哈尔滨:哈尔滨理工大学, 2020.

[199] 王世权, 王丹. 公司创业网络本质解构与作用机理和治理要义探析:基于利益相关者视角[J]. 外国经济与管理, 2011, 33(6): 9-17.

[200] 张玉利, 白峰. 基于耗散理论的众创空间演进与优化研究[J]. 科学学与科学技术管理, 2017, 38(1): 22-29.

[201] 慕静, 刘孟凯, 郝丽君. 基于 CAS 理论的智慧物流企业发展创新行为模式研究[J]. 系统科学学报, 2022, 30(4): 96-101.

[202] 卜令通, 许亚楠, 张嘉伟, 等. 2015—2020 年中国众创空间政策量化评价[J]. 中国科技论坛, 2021, 37(7): 46-56.

[203] 普里戈金. 确定性的终结:时间、混沌与新自然法则[M]. 湛敏, 译. 上海:上海科技教育出版社, 2009.